코로나 상황 이후에 교회는 어디로 가야 할 것인가? 언택트 시대에 목회와 사역은 어떻게 달라져야 하는가? 이 모든 논의에서 우선되어야 할 일은 교회와 복음 사역의 본질을 회복하는 일일 것이다. 이 책은 바울이 전한 복음의 핵심 내용이 무엇이며 그의 사역을 추동한 확신과 동력과 목적이 무엇인지를 쉽게 이해하여 오늘 목회 현장에 적용할 수 있도록 독자를 이끌어 준다. 그럼으로써 그리스도인이 돌아가야 할 영광스러운 복음의 길을 밝혀 준다. 바울이 전한 십자가 복음뿐 아니라 세상 영광에 대해 십자가에 못 박혔던 바울의 삶과 사역이 오늘날 우리가 회복해야 할 복음 사역의 본질이라는 이 책의 메시지는 깊은 울림을 남긴다.

_ 박영돈 | 작은목자들교회 담임 목사, 고려신학대학원 교의학 명예교수

이 책은 구성이 간결하고 접근하기 쉽다. 바울을 따라 그 소명과 사명의 길을 걷고자 하는 사람들을 위해 쓴 책이고, 또한 저자 자신이 그 길을 힘써 걷고 있기 때문일 것이다. 또한 이 책은 많은 연구와 묵상을 거친, 균형 있고 포괄적인 내용으로 채워져 있다. 전통적인 '십자가 복음'과 칭의의 복음을 굳게 붙잡고 있으면서도, 그동안 간과되어 왔던 '화평의 복음', 곧 교회의 하나 됨의 복음도 힘주어 강조한다. 이 모든 것을 통해 바울이 드러내고자 했던 '하나님의 영광'이라는 주제도 놓치지 않는다. 복음의 길을 가고자 하는 이들에게 이 책은 학문성과 진정성을 갖춘 좋은 안내서가 될 것이다.

_ 채영삼 | 백석대학교 신학대학원 신약학 교수

기독교 사역을 다루는 이 책은 사역에로 우리를 부르시는 하나님으로 시작해서 모든 사역을 검증하고 영광 받으실 하나님으로 종결한다. 좋은 사역의 기준을 찾아보기 어려운 이 시대에 이 책은 하나님의 기준에 부합하는 사역이 어떤 것인지를 잘 보여 준다. 비록 짧고 간결한 책이지만 저자가 외치는 목소리는 크고 뚜렷하다. 그 외침을 두 손 벌려 환영하며, 그 외침에 두 손 들어 화답한다.

_ 최승락 | 고려신학대학원 신약학 교수

목회 현장에 적용하는
바울의 사역 원리
김명일 지음

초판 1쇄 인쇄	2021년 8월 27일
초판 1쇄 발행	2021년 9월 6일
기획, 마케팅	김정태
편집	송혜숙, 오수현
총무	곽현자
발행처	도서출판 이레서원
발행인	문영이
출판신고	2005년 9월 13일 제2015-000099호

경기도 고양시 일산동구 백석로71번길 46, 1층 1호
Tel. 02)402-3238, 406-3273 / Fax. 02)401-3387
E-mail: jireh@changjisa.com
Facebook: facebook.com/jirehpub

책값은 표지에 있습니다.

ISBN 978-89-7435-578-4 03230

신저작권법에 의해 한국 내에서 보호받는 저작물이므로 저작권자의 서면 허락 없이 이 책의 어떠한 부분이라도 전자적인 혹은 기계적인 형태나 방법을 포함해서 그 어떤 형태로든 무단 전재하거나 무단 복제하는 것을 금합니다.

바울의 사역 원리

―
"내가 교회의 일꾼 된 것은
하나님이 너희를 위하여 내게 주신 직분을 따라
하나님의 말씀을 이루려 함이니라"(골 1:25)
―

성도를 온전하게 하고 세상을 위로하는 교회 세우기

목회 현장에 적용하는
바울의 사역 원리

김명일

이레서원

목차

서문　　7

1. 사역자로서의 자기 이해 (1)　나를 부르신 이는 누구인가?　　11
2. 사역자로서의 자기 이해 (2)　예수 그리스도의 종　　30
3. 사역의 길　고난, 예수님의 십자가의 길　　44
4. 사역의 동력　하나님의 주권적인 선택과 은혜　　58
5. 사역의 핵심　십자가 복음　　73
6. 사역의 방식　교회를 세움　　93
7. 사역의 대상 (1)　이방인과의 샬롬　　106
8. 사역의 대상 (2)　교회의 하나 됨　　121
9. 사역의 동역자들　함께 가는 길　　135
10. 사역의 방향　"코이노니아", 연보　　150

결론　바울의 부르심이 향하는 궁극적인 목적: 하나님의 영광　　160

참고 문헌　163

서문

우리는 하나님께서 부르신 사람들입니다. "부르심을 받다"라는 언어는 우선 하나님의 모든 자녀에게 적용되는 말입니다. 이 말은 하나님께서 특별히 자신의 일을 맡기시는 사람들을 지칭할 때도 사용됩니다. 우리는 부르심을 받은 하나님의 자녀이며 하나님 나라를 위해서 힘쓰는 자들이지만 우리를 부르신 하나님을 바라보지 못할 때가 많습니다. 우리는 자주 땅을 바라봅니다. 하늘을 보지 않습니다. 우리에게 주어진 힘든 상황만을 바라보고 좌절할 때가 많이 있습니다.

하나님의 부르심을 받고 하나님의 나라를 위해 일하는데도 꽃길이 펼쳐지지 않습니다. 어려움이 계속됩니다. 우리의 힘으로는 견디기 어려운 상황들에 부딪히게 됩니다. 건강에 문제가 생기기도 하고 재정적인 어려움을 겪기도 합니다. 가정이 화목하지 못하기도 합니다. 남들이 나의 사역을 인정해 주지 않습니다. 사역이 내가 원하는 만큼 쉽게 진행되지 않습니다. 그 어려움 속에서 우리는 너무 힘들어 절망하고 낙담합니다. 이러한 상황에서 우리가 바라보고 집중해야 할 것은 무엇일까요? 그것은 우리가 걸어가는 이 길이 우리 자신의 자유로운 선택으로 보이지만 사실은 하나님께서 우리를 이 길로 부르셨음을 믿는 것입니다.

　이 책에서는 바울이 자신의 사역을 어떻게 이해하고 있었는가를 살펴보고자 합니다. 바울은 유대인으로서 자신이 믿는 그 도를 위해 열심히 달려가고 있었습니다. 그 바울이 예수 그리스도를 만난 후에 이제 완전히 다른 방향으로 달려갑니다. 그는 선교사이면서 목회자였습니다. 복음을 전할 뿐 아니라 교회를 설립하고 그 교회가 더 건강히 자라도록 최선을 다했습니다. 바울은 예루살렘에서부터 지금의 동유럽까지 넓은 지역에서 하나님의 복음을 들고 달려가던 사람이었습니다. 또 그는 그 당시 땅끝이라고 여겨졌던 스페인까지 복음을 전하려는 열정을 품고 있었습니다. 말로 다 할 수 없는 고통과 어려움을 겪으면서도 예수님의 길을 따라갔던 사람이었습니다.

　오늘날 목회와 사역의 상황이 힘들고 어렵지만, 바울의 사역을 살펴본다면 우리도 조금이나마 길을 찾을 수 있을 것입니다. 바울 당시 어떤 사람들은 바울이 사도라는 사실을 인정하지 않았습니다. 환영받지 못하는 사역의 길을 걸으면서도 바울은 자신을 예수 그리스도의 종으로 이해하고 묵묵히 그 길을 걸었습니다. 바울의 걸음을 보면서 우리도 자신이 걸어가고 있는 길을 점검하면 좋겠습니다.

　사역하는 내내 바울의 관심사는 온통 하나님의 영광이었습니다. 바울은 로마서 마지막에서 이렇게 이야기합니다. "나의 복음과 예수 그리스도를 전파함은 영세 전부터 감추어졌다가 이제는 나타내신 바 되었으며 영원하신 하나님의 명을 따라 선지자들의 글로 말미암아 모든 민족이 믿어 순종하게 하시려고 알게 하신 바 그 신비의 계시를 따라 된 것이니 이 복음으로 너희를 능히 견고하게 하실 지혜로우신 하나님께 예수 그리스도로 말미암아 영광이 세세무궁하도록 있을지어다 아멘"(16:25-27).

바울은 자신이 전하는 복음, 즉 예수 그리스도의 십자가와 부활의 복음을 모든 민족이 믿어서 순종하게 하는 것이 자신의 목표라고 말합니다. 그는 하나님께 영광을 돌리는 일이 복음 전도의 가장 중요한 목적이라고 강조하면서 로마서를 마무리합니다. 우리는 어떤 목적을 향해 이 부르심의 길을 걸어가고 있습니까?

이 글은 『고난과 선교, 어떻게 설교할 것인가?』(SFC, 2021)의 한 꼭지인 "바울 서신의 선교(적 교회)"를 확장한 글입니다.* 바울 선교를 들여다보면서 저는 그의 사역이 보여 주는 중요한 특징을 알 수 있었습니다. 이 글에서는 바울 사역에서 오늘날 우리가 적용할 수 있는 사역 원리를 찾아내고자 했습니다. 이 책이 우리의 목회와 사역을 다시 한 번 생각해 보는 계기가 되기를 바랍니다. 이 글을 쓸 수 있도록 격려해 주고 도움을 주신 이레서원 편집부에 진심으로 감사의 말씀을 전합니다.

---

* 이 원고 사용은 한국동남성경연구원의 허락을 받았습니다.

1. 사역자로서의 자기 이해 (1)
나를 부르신 이는 누구인가?

♦♦♦

우리에게 하나님의 부르심은 어떤 의미인가? 한국 교회는 매우 어려운 상황을 맞이하고 있다. 안팎으로 교회를 보는 시선이 곱지 못하다. 따가운 눈초리로 우리를 지켜보는 사람들이 점점 많아지고 있다. 목회자의 윤리 문제가 자주 입에 오르내린다. "아골 골짜기 빈 들에도 복음 들고 가오리다"라는 찬송가 가사는 옛말이 된 듯하다. 간혹 목회자들이 사역 목표를 더 큰 교회에 청빙되는 것으로 삼는 경우가 있다. 규모가 더 큰 교회로 옮기면서 하나님의 부르심이라고 말하는 경우는 있지만, 더 작은 교회로 가면서 하나님의 부르심이라고 말하는 경우는 보기 쉽지 않다. 도전하기보다는 안주하고자 하는 사례가 훨씬 많은 것 같다. "복음 들고 어디든 간다"라는 말은 오늘날 사역 현장에 잘 어울리지 않는 말이다.

바울에게 하나님의 부르심은 어떤 의미였을까? 유대인으로서 바울은 자기가 믿는 도를 위해 열심을 다해 달려가던 사람이었다. 그 바울이 예수 그리스도를 만남으로 하나님의 부르심 앞에 서게 된다. 다메섹으로 가는 길에서 예수님을 만난 사건 이후 바울은 예수 그리스도께 자신의 삶을 온전히 헌신한다. 바울은 선교사이면서 목회자, 복음을 전하는 사도로서 교회를 설립하고 세우는 일에 열정을 다하며 고난의 길을 걸었다.

바울은 자신이 받은 부르심이 자신의 선택이 아니라고 선언한다. "사람들에게서 난 것도 아니요 사람으로 말미암은 것도 아니요 오직 예수 그리스도와 그를 죽은 자 가운데서 살리신 하나님 아버지로 말미암아 사도 된 바울은 함께 있는 모든 형제와 더불어 갈라디아 여러 교회들에게 우리 하나님 아버지와 주 예수 그리스도로부터 은혜와 평강이 있기를 원하노라"(갈 1:1-3).

바울의 사도 됨은 사람을 기원(ἀπ' ἀνθρώπων)으로 하지 않는다. 사람들을 통해서(δι' ἀνθρώπου) 이루어진 것도 아니다. 바울은 자신을 부르신 이는 "오직 예수 그리스도"와 "예수 그리스도를 죽은 자 가운데서 살리신 하나님"이라고 선언한다. 목회 현장에서 우리는 하나님께서 우리를 부르셨다는 사실을 항상 기억하고 있는가? 목회 현장의 어려움과 재정적인 궁핍은 무거운 짐이 될 수 있다. 목회 방향을 고민하면서 그 무게를 이기지 못하고 있는가? 물론 인격적이신 하나님은 우리의 결정과 선택을 존중하신다. 사역의 길을 가는 데 우리가 선택하고 결정한 부분도 있지만, 하나님께서 우리를 부르셨다는 사실에 우리의 시선을 고정할 필요가 있다.

다메섹으로 가는 길

교회를 핍박하던 바울은 다메섹으로 가는 길에 예수님을 만난다. 바울은 스데반의 순교에 중요한 역할을 한 것으로 보인다(행 7:58; 8:1). 스데반을 죽이려고 하던 사람들이 그들의 옷을 벗어 바울의 발 앞에 놓았다. "성 밖으로 내치고 돌로 칠새 증인들이 옷을 벗어 사울이라 하는 청년의 발 앞에 두니라"(행 7:58). 이어서 바울이 스데반의 죽음을 평가한 구절이 나온다. "사울은 그가 죽임당함을 마땅히 여기더라 그 날에 예루살렘에 있는 교회에 큰 박해가 있어 사도 외에는 다 유대와 사마리아 모든 땅으로 흩어지니라"(행 8:1).

누가는 바울이 스데반을 죽이기 위해 직접 돌을 들었다고 말하지는 않지만 그가 사람들의 행동에 동의했다고 기록한다. 아마도 바울은 스데반의 순교에 더 깊이 관여했을지도 모른다. 스데반은 "은혜와 권능이 충만하여 큰 기사와 표적을 민간에 행하니 이른바 자유민들 즉 구레네인, 알렉산드리아인, 길리기아와 아시아에서 온 사람들의 회당에서 어떤 자들이 일어나 스데반과 더불어 논쟁"하기도 했다(행 6:8-9). 여기에서 논쟁하던 사람들 중에 자유민이면서 헬라어를 말하는 유대인, 그리고 길리기아에서 온 사람이 바울일 가능성이 있다.[1] 바울은 "또 주의 증인 스데반이 피를 흘릴 때에 내가 곁에 서서 찬성하고 그 죽이는 사람들의 옷을 지킨 줄 그들도 아나이다"라고 말한다(행 22:20). 즉, 바울은 초대 교회를 핍박한 사람들의 리더였을 가능성이 크다.[2] 스데반의 순교를 말하는 누가의 내러티브 이후에 사울이 사도행전에서 본격적으로 나오기 시작한다.

처음에 바울은 교회를 핍박하는 자로 등장한다. 누가는 "사울이 교회를 잔멸할새 각 집에 들어가 남녀를 끌어다가 옥에 넘기니라"(행 8:3)라고 기록한다. 바울은 교회를 없애 버리려는(λυμαίνω, "잔멸할새"[개역개정]) 시도를 하고 있었다. 바울은 "내가 이 도를 박해하여 사람을 죽이기까지 하고 남녀를 결박하여 옥에 넘겼노니"라고 고백한다(행 22:4). 사도행전 9장에서 바울은 그리스도의 길을 따르는 사람들을 잡아오기 위해서 대제사장을 찾아가 허락을 받는다. 그리고 바울은 이 일을 위해서 다메섹으로 달려가고 있었다.

다메섹에 가까이 이르렀을 때, "하늘로부터 빛"이 그를 비추었다. 영광의 빛이 바울에게 비추었다는 것은 바울이 직접 하나님의 임재를 경험하고 있음을 보여 준다. 영광의 빛은 성경에서 신현(하나님의

---

1 John B. Polhill, *Acts*, NAC 26 (Nashville: Broadman & Holman, 1992), 210.
2 David G. Peterson, *The Acts of Apostles*, PNTC (Grand Rapids: Eerdmans, 2009), 298.

나타나심)을 의미한다.³ 구약에서 여호와 하나님이 직접 나타나실 때 동반되던 영광의 빛이 바울에게 나타났다. 사도행전 9장에서는 특별히 이 빛이 예수님의 나타나심과 연결된다. 빛이 바울에게 비추었을 때, 바울은 땅에 엎드러졌다(행 9:4). 성경에서 하나님을 만난 사람들이 엎드러지는 것은 자주 있는 일이다(겔 1:28; 단 8:17; 계 1:17).

누가는 이렇게 기록한다. "사울이 길을 가다가 다메섹에 가까이 이르더니 홀연히 하늘로부터 빛이 그를 둘러 비추는지라 땅에 엎드러져 들으매 소리가 있어 이르시되 사울아 사울아 네가 어찌하여 나를 박해하느냐 하시거늘 대답하되 주(κύριος)여 누구시니이까 이르시되 나는 네가 박해하는 예수라"(행 9:3-5). 교회를 핍박하는 사람들의 우두머리인 바울이 영광의 주님이신 예수님을 만난다(참조. 고전 9:1; 15:8; 갈 1:15-16). 신현, 즉 하나님의 권위를 가지신 그리스도의 현현, 그리스도의 나타나심은 하나님께서 그분의 선지자들을 부르시는 장면과 비교해서 이해할 수 있다.

바울은 그리스도께서 자신에게 나타나신 다메섹 사건을 계시의 사건으로 이해한다. "이는 내가 사람에게서 받은 것도 아니요 배운 것도 아니요 오직 예수 그리스도의 계시로 말미암은 것이라"(갈 1:12). 그리고 "내 어머니의 태로부터 나를 택정하시고 그의 은혜로

---

3   출 19:16; 삼하 22:13, 15; 시 77:18; 97:4; 144:5-6; 겔 1:4, 13, 14; 단 10:6; 눅 9:29; 17:24; 24:4 등. Peterson, *The Acts of Apostles*, 303.

나를 부르신 이"(갈 1:15)라고 말하면서 이를 하나님의 부르심으로 이해한다. 즉, 누가는 그리스도의 영광이 빛으로 바울에게 임한 이 사건을 하나님의 부르심이자 계시의 사건으로 기록한다. 교회를 핍박하기 위해서 기세등등하게 달려가던 바울은 영광의 빛 아래에서 엎드러졌다. 이제 그는 자신이 달려가던 길과는 전혀 다른 방향으로 하나님이 그를 부르심을 깨닫는다. 이것은 그의 부르심이 전적으로 자신의 결정이 아니라 주(χύριος)이신 예수님의 결정이라는 것을 보여 준다. 바울이 사도로 부르심받은 것은 자신의 결심이나 의지로 된 것이 아니라 주권적이면서도 은혜로운 하나님의 직접적인 개입을 통해서 이루어졌다.

교회를 핍박하고 있는 바울에게 예수님은 자신이 그 교회와 함께하시는 분이라고 말씀하신다. 영광스러운 모습으로 자신을 드러내신 예수님은 "나는 네가 박해하는 예수"라고 말씀하신다(행 9:5). 바울이 교회를 핍박하고 박해한 일은 교회와 함께하시는 예수님을 박해하는 것이었다. 즉, 교회의 고난은 예수 그리스도의 고난이다. 영광의 주님은 높아지셔서 하나님의 보좌 우편에 좌정해 계시지만, 여전히 이 땅에서도 자신의 백성과 함께하신다. 교회의 머리이신 그리스도는 자신의 몸인 교회와 연합하신다. 바울이 자기 서신에서 언급한 연합 개념과 같이 깊은 신학적인 표현을 하지 않는다고 할지라도 누가가 말한 이 연합은 마태복음 25:35-40, 42-45의 개념과 비교할 수 있다.⁴ 교회를 핍박하던 바울은 사실은 주님이신 예수님을 박해한 것이고 그 바울이 이제 교회를 섬기는 자로 부름을 받는 놀라운 전환이 일어난다.

예수님의 현현 이후에 바울은 다메섹으로 들어간다. "사울이 땅에서 일어나 눈은 떴으나 아무것도 보지 못하고 사람의 손에 끌려 다메섹으로 들어가서"(행 9:8). 그때 다메섹에는 아나니아라고 하는 제자가 있었다. 예수님은 아나니아에게 "일어나 직가라 하는 거리로 가서 유다의 집에서 다소 사람 사울이라 하는 사람을 찾으라 그가 기도하는 중이니라"(행 9:11)라고 말씀하신다.

그런데 아나니아는 바울이 교회에 행했던 핍박을 알고 그리스도께 말한다. "주여 이 사람에 대하여 내가 여러 사람에게 듣사온즉 그가 예루살렘에서 주의 성도에게 적지 않은 해를 끼쳤다 하더니 여기서도 주의 이름을 부르는 모든 사람을 결박할 권한을 대제사장들에게서 받았나이다"(행 9:13-14). 아나니아는 주님이 바울을 부르심에 반대하고 있다. 아나니아의 반대는 바울이 자신의 의지로 사도가 된 것이 아니며 예수 그리스도의 부르심을 따라 180도 변화된 것임을 보여 준다. 주님과 그분의 교회를 핍박하고 있던 바울이 회심한 사건은 믿기 힘든 놀라운 반전이다.

---

4   C. K. Barrett, *A Critical and Exegetical Commentary on the Acts of the Apostles* (Edinburgh: T&T Clark, 2004), 449.

나를 사역자로 부르신 분은 누구인가? 내가 목회를 하고 복음 전도 사역을 하게 된 것은 누구의 선택과 결정 때문인가? 나는 어릴 때부터 교회 안에서 성실하게 배우고 훌륭하게 자라왔으니 목회를 할 만한 자격이 충분하다고 내심 생각하지는 않는가? 다메섹으로 가는 길에서 예수님이 바울을 부르는 사건은 우리도 바울과 같이 자격을 전혀 갖추지 못한 죄인이지만 하나님의 놀라운 구속 사역에 동참하도록 부르심을 받았다는 것을 알려 준다. 내게 있는 내적인 소명은 내가 결심해서 생겨난 것이 아니다. 예수 그리스도의 십자가를 경험한 우리를 사역자로 부르신 분은 하나님이시고, 우리는 성령의 조명을 따라 계속해서 이 길을 가야 한다.

이방인[5]을 위한 나의 그릇

바울을 만나신 예수님은 그가 이제 어떤 길을 가야 할지를 알리신다. 이 지점에서 우리의 사역이 담아야 할 내용이 무엇인가를 생각해 볼 수 있다. 각기 다양한 위치에서 사역을 감당하고 있겠지만, 우리의 사역에 기본적으로 담아야 할 내용이 있다. 우리는 우리 자

---

5 바울의 '이방인' 개념은 Michael F. Bird, *An Anomalous Jew: Paul among Jews, Greeks, and Romans* (Grand Rapids: Eerdmans, 2016), 69-107을 참조하라. 마이클 버드는 바울이 이방인의 사도이면서 유대인의 사도라고 주장한다. 버드의 견해에 따르면 바울이 말한 '이방인' 개념에는 유대인이 포함될 수 있다.

신을 전해서는 안 된다. 예수 그리스도를 우리의 사역에 담고 그분만을 전해야 한다.

예수님은 바울이 교회를 핍박하던 자라고 말하는 아나니아에게 "(그래도 바울에게) 가라"라고 명령하신다. 바울에게 가서, 주를 위해서 해야 할 사역이 무엇인가를 전달하라고 명령하신다. 예수님은 바울을 이방인의 사도로 택했다고 말씀하신다. "주께서 이르시되 가라 이 사람은 내 이름을 이방인과 임금들과 이스라엘 자손들에게 전하기 위하여 택한 나의 그릇(σκεῦος)이라"(행 9:15). "택한"과 "그릇"은 이제 바울이 자주 사용하게 될 언어이다(롬 9:11; 11:5, 7, 28; 살전 1:4). 바울은 이 단어로 자신의 과거 잘못과 상관없이 자신을 그분의 그릇으로 쓰시는 하나님의 은혜를 표현한다.[6] 그릇(σκεῦος)은 무엇인가를 담아 전하려고 할 때 사용하는 도구이다. 바울은 그리스도의 이름을 전하기 위한 그릇이다. 예수 그리스도는 자신의 이름을 많은 사람들에게, 특히 이방인들에게 전하게 하려고 바울을 그분의 그릇으로 부르셨다.

바울은 그릇과 관련해서 고린도후서에서 이렇게 말한다. "우리가 이 보배를 질그릇에(ἐν ὀστρακίνοις σκεύεσιν) 가졌으니 이는 심히 큰 능력은 하나님께 있고 우리에게 있지 아니함을 알게 하려 함이라"(고

---

[6] Barrett, *The Acts of the Apostles*, 456.

후 4:7). 바울은 자신을 질그릇, 즉 흙으로 만든 그릇으로 표현하고 그 그릇 안에 보배를 가졌다고 말한다. 이로써 바울은 자신이 하나님의 것을 전달하는 자이며 자신이 주님과 이방인을 섬기는 일은 자신의 능력이 아니라 하나님의 능력으로 이루어지는 일이라고 고백한다. 이어지는 구절에서 그는 예수의 죽음과 생명을 짊어지고 있다고 표현한다. "우리가 항상 예수의 죽음을 몸에 짊어짐은 예수의 생명이 또한 우리 몸에 나타나게 하려 함이라"(고후 4:10). 질그릇인 바울이 품고 있는 것은 예수 그리스도의 죽으심과 생명이다.

바울은 영광스러운 주님이신 그리스도께서 택하신 그릇이다. 그리스도인은 그 안에 예수 그리스도를 담고 있으며, 그분만을 자랑해야 한다. 너무나 값지지 않은가? 놀랍고 귀한 보배이신 예수 그리스도가 질그릇 같은 우리 안에 계신다.

복음의 제사장

바울은 자신이 그리스도 예수의 일꾼이며 하나님의 복음의 제사장이라고 말한다. "이 은혜는 곧 나로 이방인을 위하여 그리스도 예수의 일꾼이 되어 하나님의 복음의 제사장 직분을 하게 하사 이방인을 제물로 드리는 것이 성령 안에서 거룩하게 되어 받으실 만하게 하려 하심이라"(롬 15:16). 이 구절에서 이방인을 위한 바울의 특별한 부르심이 나타난다. 바울은 "이방인을 위하여"(εἰς τὰ ἔθνη) 섬기는 자이다. 그리고 "이방인을 제물로 드리는 것"(ἡ προσφορὰ τῶν ἐθνῶν)이 이방인의 사도로서의 사역이다.

사도로서 바울이 사역에 초점을 맞춘 부분은 이방인을 "제물"이라고 부르는 데서 잘 드러난다. 바울은 이것을 이사야 66:20의 성취로 이해한다. "나 여호와가 말하노라 이스라엘 자손이 예물을 깨끗한 그릇에 담아 여호와의 집에 드림같이 그들이 너희 모든 형제를 뭇 나라에서 나의 성산 예루살렘으로 말과 수레와 교자와 노새와 낙타에 태워다가 여호와께 예물로 드릴 것이요"(사 66:20).

이 구절에서 이방인들은 전에는 성소와 지성소에 절대로 나아가지 못했으나 이제는 하나님께 예물을 드리는 자로 그려진다. 로마서 15:16에서 바울은 이사야 66:20을 암시하면서 이방인들이 여호와께 예물을 드릴 것이라는 예언이 이제 이방인들이 거룩한 제물로 드려지는 모습으로 성취되었음을 그리고 있다.

이방인들은 하나님께 드려지는 제물일 뿐만 아니라 하나님의 영광 앞에 나아가며 하나님의 영광을 즐거워하는 자들이다. 바울은 "모든 사람이 죄를 범하였으매 하나님의 영광에 이르지 못하더니 그리스도 예수 안에 있는 속량으로 말미암아 하나님의 은혜로 값없이 의롭다 하심을 얻은 자 되었느니라"(롬 3:23-24)라고 선언한다. 유대인과 이방인 모두 죄를 짓고 하나님의 영광에 이르지 못했다. 그런데 그 이방인들이 이제 하나님의 영광 앞에 나올 수 있는 자들이 되었다.

이사야 66:20의 앞에 있는 18-19절에서는 하나님의 영광이 모든 민족에게 전파될 것이라고 선언한다. "내가 그들의 행위와 사상을 아노라 때가 이르면 뭇 나라와 언어가 다른 민족들을 모으리니 그들이 와서 나의 영광을 볼 것이며 내가 그들 가운데에서 징조를 세워서 그들 가운데에서 도피한 자를 여러 나라 곧 다시스와 뿔과 활을 당기는 룻과 및 두발과 야완과 또 나의 명성을 듣지도 못하고 나의 영광을 보지도 못한 먼 섬들로 보내리니 그들이 나의 영광을 뭇 나라에 전파하리라"(사 66:18-19).

이방인들이 하나님께 제물로서 드려짐은 하나님의 영광과 밀접한 관련이 있다. 바울의 사역 목표는 이방인들에게 복음을 전해서 그들이 하나님의 영광 앞에 나아가며 그들이 하나님께서 받으실 만한 제물로 드려지는 것이다.

바울은 "또 미리 정하신 그들을 또한 부르시고 부르신 그들을 또한 의롭다 하시고 의롭다 하신 그들을 또한 영화롭게 하셨느니라"(롬 8:30)라고 선언한다. 로마 교회에 이방인들이 더 많이 있었던 것을 고려할 때, 하나님이 영화롭게 하신다는 선언은 매우 중요하다. 이사야 선지자의 예언대로, 그들이 하나님 앞에서 영광스러운 존재로서 유대인 그리스도인들과 함께 하나님께 영광을 올려 드릴 수 있게 되었기 때문이다. 바울이 복음을 전한 결과로 그들은 하나님의 영광 앞에 나아가서 하나님의 영광을 노래할 수 있다.[7]

바울은 다음과 같이 선언한다.

"또 이르되 열방들아 주의 백성과 함께 즐거워하라 하였으며 또 모든 열방들아 주를 찬양하며 모든 백성들아 그를 찬송하라 하였으며 또 이사야가 이르되 이새의 뿌리 곧 열방을 다스리기 위하여 일어나시는 이가 있으리니 열방이 그에게 소망을 두리라 하였느니라"(롬 15:10-12)

이방인들은 하나님의 언약 밖에 있었는데 이제는 예수 그리스도의 십자가의 빛 아래에서 함께 주님을 찬송하고 주님께 감사할 수 있게 되었다. 바울은 자신이 이방인들을 제사의 제물로 드리는 복음의 제사장이라고 이해한다. 그의 부르심의 목적은 특별히 이방인들이 하나님께서 받으실 만한(εὐπρόσδεκτος) 제물이 되게 하는 것이다. 그리고 그 제물은 제의적 언어 "거룩하게 된"(ἡγιασμένη)이라는 말로 표현된다.

---

[7] 로마서 3:24-26에서 바울은 초대 교회의 신앙적인 고백을 이야기하고 있는데, 특히 구원론적인 용어가 많이 사용된다. "의"(δικαιοσύνη), "속량"(ἀπολύτρωσις), "화목제물"(ἱλαστήριον), "그의 피로"(ἐν τῷ αὐτοῦ αἵματι)는 구약적인 구원을 표현하는 언어다. Richard N. Longenecker, *The Epistle to the Romans*, NIGTC (Grand Rapids: Eerdmans, 2016), 1038-39. 자신을 복음의 제사장으로 이해하는 바울은 이 부분에서 제사 언어와 칭의 언어를 교차해서 사용한다.

이방인들은 이제 성령으로 거룩하게 구별된, 하나님이 기쁘시게 받으시는 제물이다. '거룩함'은 하나님께서 마음껏 사용하시기 위해 구별하셨다는 뜻이다. 거룩함이라는 단어의 강조점을 어떤 존재를 구별하고 분리해서 세상과 동떨어진 곳에 둔다는 의미에 두는 경우가 있다. 그러나 거룩하게 하시는 목적은 하나님께서 그를 자유롭고 기쁘게 쓰시기 위함이라는 사실을 기억해야 한다. 이제 하나님께서는 이방인들을 받으셔서 자신의 백성으로 삼으셨고 그들을 통해서 하나님 나라의 역사를 진행시키실 것이다.

이방인에게 예수 그리스도를 전하기 위한 그릇인 바울은 자신이 복음의 제사장이라고 이해한다. 복음의 제사장이 해야 할 역할은 이방인들에게 복음을 전해서 그들이 하나님의 영광의 임재 앞으로 나아가게 하는 일이다. 바울은 모든 민족을 하나님 앞으로 올려 드리는 제사장 역할을 하는 것이 자신이 부름받은 목적이라고 이해한다. 우리의 사역도 마찬가지이다. 우리를 통해서 많은 이들이 하나님의 영광 앞에 나아가고 그분께 영광을 돌리며 그분이 받으실 만한 제물이 되어야 한다. 그들은 하나님의 새로운 백성으로서 하나님께서 마음껏 쓰시는 자들이 되어야 한다. 하나님의 부르심은 나에게만 머무는 것이 아니라 우리의 목회를 필요로 하는 모든 성도에게 적용되는 일이다.

사도로 부르심을 받아

바울의 소명을 표현하는 또 다른 언어인 '사도로 부르심을 받았다'는 말을 살펴보자. '부름을 받다'는 수동적인 표현이다. 누구의 부름을 받은 것이다. 바울은 복음 전하는 사역을 하도록 하나님의 부르심을 받았다. "그리스도께서 나를 보내심(ἀποστέλλω)은 세례를 베풀게 하려 하심이 아니요 오직 복음을 전하게 하려 하심이로되 말의 지혜로 하지 아니함은 그리스도의 십자가가 헛되지 않게 하려 함이라"(고전 1:17, 참고. 1:1).

바울은 고린도전서 1:17에서 "그리스도께서 나를 보내"셨다고 말한다. "보내다"(ἀποστέλλω)라는 단어와 사도(ἀπόστολος)라는 단어는 같은 어원에서 출발한다. 즉 사도는 보냄을 받은 자이다. 고린도전서 1:17에서 우리는 바울이 '복음을 전하는 일'에 보냄을 받았다는 것을 알 수 있다. '사도'는 일반적으로는 소식을 전달하는 자라는 뜻이지만(빌 2:25; 고후 8:23), 바울은 "하나님의 복음을 위하여 택정함을 입었으니"(롬 1:1)라고 말하며 더 강한 의미를 전달한다. 바울은 사도로서 자신이 교회의 기초가 되는 구속 역사의 중요한 역할을 담당해야 함을 이해하고 있다(엡 2:20).[8]

---

[8] Douglas J. Moo, *The Epistle to the Romans*, NICNT (Grand Rapids: Eerdmans, 1996), 41–42.

복음을 전하는 사도인 바울은 자신의 사역을 하나님의 말씀을 성취하는 일로 이해한다. "내가 교회의 일꾼(διάκονος) 된 것은 하나님이 너희를 위하여 내게 주신 직분을 따라 하나님의 말씀을 이루려 함이니라(πληρόω)"(골 1:25).

복음은 하나님이 계시하신 뜻이며 사도는 이를 전하는 자이다.[9] 복음은 하나님의 비밀이며(고전 2:1; 참고. 4:1) 하나님의 능력이고 지혜이다(고전 1:24). 하나님은 은혜로 복음의 비밀(μυστήριον)을 바울에게 계시하셨다.

"곧 계시로 내게 비밀을 알게 하신 것은 내가 먼저 간단히 기록함과 같으니 그것을 읽으면 내가 그리스도의 비밀을 깨달은 것을 너희가 알 수 있으리라 이제 그의 거룩한 사도들과 선지자들에게 성령으로 나타내신 것같이 다른 세대에서는 사람의 아들들에게 알리지 아니하셨으니"(엡 3:3-5)

그리스도의 비밀은 무엇인가? 그 비밀은 하나님의 종말론적인 구원 계획이다. 그 비밀은 그리스도의 십자가 사건에서 온전히 드러났다. 종말론적이며 우주론적인 하나님의 목적과 경륜은 하나님 나라

---

9 J. Louis Martyn, *Galatians* (New Haven; Yale University Press, 2008), 142.

의 완성과 관련이 있다.¹⁰ 그 비밀은 유대인들과 이방인들이 연합을 이루어 하나님의 새 백성이 되는 것이다. 이 비밀의 중심은 그리스도이시며 그의 십자가와 부활이다.¹¹ 이 비밀의 계시는 은혜로 바울에게 주어졌으며 바울은 그 사역을 섬기는 자(διάκονος)이다. "이 복음을 위하여 그의 능력이 역사하시는 대로 내게 주신 하나님의 은혜의 선물을 따라 내가 일꾼(διάκονος)이 되었노라"(엡 3:7).

적용

우리는 예수 그리스도의 복음을 전하는 자로 부르심을 받았다. 이 길은 말할 수 없이 영광스러운 길이다. 그렇게 영광스러운 이유는 나에게 있지 않고 나를 부르신 하나님 그분께 있다. 내가 선택하고 결정해서 이 자리에 있는 것으로 여기기 쉽지만, 내가 이 길을 선택한 것이 아니라 하나님께서 나를 선택하셨다. 바울은 그리스도인들을 붙잡으러 가면서 기세등등했지만 하나님의 주권적인 선택과 부르심 앞에 고꾸라졌다. 놀라운 반전이 일어났다. 우리의 부르심이 바울과 같이 극적이지 않다고 할지라도, 우리의 삶에도 여전히 계속

---

10 길성남, 『에베소서 어떻게 읽을 것인가』 (서울: 성서유니온선교회, 2016), 221.
11 Ibid., 224.

해서 포기하지 않으시고 우리로 하여금 이 길을 걷게 하시는 하나님의 놀라운 섭리가 있다는 것을 부인할 수 없다.

바울은 예수 그리스도를 자신 안에 담아 이방에 전하는 그릇으로 부르심받았다. 그리고 하나님의 말씀을 전하라는 명령을 받았다. 혹시 우리는 자신의 뜻을 전하고 자신의 목회 철학을 관철하는 사역을 하고 있지는 않는가? 혹시 우리는 하나님 말씀을 전하는 대신에 우스갯소리와 농담을 지껄이고 있지 않는가? 하나님의 선하시고 놀라운 뜻을 전해야 하는, 하나님의 말씀을 맡은 청지기로서 자신의 사명을 올바로 인식하고 있는지 돌아보아야 할 때이다. 말씀을 잘 전달하기 위해서 청중을 배려하는 일은 꼭 필요한 일이지만, 청중의 마음을 사기 위해 하나님의 뜻 대신 나의 뜻을 전하거나 그리스도의 비밀의 계시인 복음을 왜곡하고 있는 것은 아닌지 살펴보아야 한다.

마틴 로이드 존스의『설교와 설교자』를 추천한다. 자신 안에 하나님 말씀 선포에 대한 불타는 열정이 있는지 점검할 수 있을 것이다.

1. 바울이 다메섹으로 가는 길에서 경험한 사건은 무엇인가? 이 놀라운 신현은 무엇을 의미하는가? 나는 영광의 하나님의 부르심에 순종해서, 사명의 길을 바르게 걷고 있는가?

2. 예수 그리스도는 바울이 이방인을 위한 그분의 그릇이라고 말씀하셨다. 나는 어떤 일을 하도록 부르심을 받았는가? 예수 그리스도가 나를 부르신 이유는 무엇인가? 내가 사역에 참여하게 된 것은 나의 결심 때문인가, 그분의 택하심 때문인가?

3. 바울은 자신이 이방인을 위해 복음의 제사장 사역을 감당하고 있다고 선언한다. "복음의 제사장"은 무슨 의미인가? 나는 누구를 섬기는 사역을 하고 있는가?

4. 우리는 하나님의 비밀의 계시, 즉 복음을 맡은 자이다. 우리는 예수 그리스도의 복음을 전하고 있는가? 아니면, 나의 말을 하고 있는가? 나의 설교는 하나님의 말씀을 가감 없이 전하는가? 세속적인 자기 계발 원리로 설교를 채우지는 않는가?

2. 사역자로서의 자기 이해 (2)

예수 그리스도의 종

♦♦♦

　우리는 하나님의 종이라는 말을 자주 듣는다. 한국 교회에서 목회자를 가리킬 때 자주 사용하는 말이다. 그런데 하나님의 종이라는 말은 오히려 목회자를 높이는 표현으로, 성도들이 감히 닿을 수 없는 위치에 목회자가 있는 것처럼 여겨지게 한다. 혹시 목회자들이 이 단어에 취해 있지는 않는가?

　그러나 종이라는 단어는 철저하게 낮은 자를 말한다. 하나님께 전적으로 헌신하며 살아가는 사람들에게 어울리는 단어다. 하나님의 부르심을 받은 자로서의 존귀함을 표현하는 단어이기도 하다. 오늘날 한국 교회에서 성도들이 목회자를 '하나님의 종'이라고 부르며 떠받들 때와는 철저하게 다른 의미이다.

예수 그리스도의 종

바울은 복음 사역과 관련해서 자신을 종으로 소개한다. "예수 그리스도의 종(δοῦλος) 바울은 사도로 부르심을 받아…"(롬 1:1). '종'이라는 단어는 바울이 하나님의 경륜 안에서 하나님의 보내심을 받았음을 강조한다. 바울은 독특하게도 종의 이미지를 사용해서 자신이 하나님의 비밀인 복음(μυστήρια θεοῦ)을 전하는 통로임을 강조한다.

"그 뜻의 비밀을 우리에게 알리신 것이요 그의 기뻐하심을 따라 그리스도 안에서 때가 찬 경륜을 위하여 예정하신 것이니 하늘에 있는 것이나 땅에 있는 것이 다 그리스도 안에서 통일되게 하려 하심이라"(엡 1:9-10)

경륜(οἰκονομία)은 하나님이 시행하시는 구원 계획이다. 이 단어는 바울의 선교적인 일을 의미하면서[1] 그리스도의 통일과 연결된다(엡 1:20-23).[2] 바울은 하나님의 놀랍고 위대한 경륜이 그리스도의 종인 자신을 통해서 이루어지고 있다고 선언한다. 하나님은 이 경륜 안에서 그 일을 섬기는 종인 바울을 지속적으로 도우신다.

---

1 이 단어는 '직무'라는 의미가 있다(참조 엡 3:2). 길성남, 『에베소서 어떻게 읽을 것인가』, 220.
2 Timothy A. van Aarde, "The Use of οἰκονομία for Missions in Ephesians," *Verbum et Ecclesia* 37/1 (2016): 3.

하나님의 복음을 선포하라는 특별한 부르심은 구약의 '주의 종'이라는 관점에서 더 잘 이해할 수 있다(사 42:1-9; 49:1-6; 50:4-11; 52:13-53:12).³ 여호와의 종은 여호와 하나님의 택하심을 받아 하나님의 말씀을 선포하는 자이다. 이스라엘 백성이 하나님의 심판을 받아 바벨론의 포로가 되는 상황에서 여호와의 종은 하나님의 구속의 경륜을 드러내야 했다. 자신의 백성을 포기하지 않고 구원하시겠다는 여호와 하나님의 말씀이 여호와의 종의 입술로 선포된다. 여호와의 종은 하나님의 구원의 소식을 백성에게 전한다.

바울은 자신이 그리스도 예수의 종이기에, 위대한 선지자들처럼 하나님의 구원 소식을 전해야 함을 이해하고 있다. 우선 이사야서를 보면 여호와의 종이 행하는 일이 무엇인지 알 수 있다. "내가 붙드는 나의 종, 내 마음에 기뻐하는 자 곧 내가 택한 사람을 보라 내가 나의 영을 그에게 주었은즉 그가 이방에 정의를 베풀리라 그는 외치지 아니하며 목소리를 높이지 아니하며 그 소리를 거리에 들리게 하지 아니하며"(사 42:1-2).

그 종은 하나님의 마음에 합한 자이며 하나님이 택하신 자이다. 이사야 42장에서 여호와의 종은 여호와의 영을 받고 그분의 정의를 선언하는 자이다. 정의는 이스라엘 백성이 실패해 버린 하나님 나라

---

3 Thomas R. Schreiner, *Paul, Apostle of God's Glory in Christ: A Pauline Theology*, 2nd ed. (Downers Grove, IL: InterVarsity Press, 2020), 38.

의 중요한 가치다. 하나님은 아브라함을 부르시면서 정의와 공의의 나라를 세우고자 하셨다. "내가 그로 그 자식과 권속에게 명하여 여호와의 도를 지켜 의와 공도를 행하게 하려고 그를 택하였나니 이는 나 여호와가 아브라함에게 대하여 말한 일을 이루려 함이니라"(창 18:19).[4]

아브라함의 언약을 잇는 다윗 왕은 정의와 공의를 행하는 왕이었다. "다윗이 온 이스라엘을 다스려 다윗이 모든 백성에게 정의와 공의를 행할새"(삼하 8:15). 하나님의 기름 부음 받은 이제 오실 메시아는 이 땅에서 무너진 정의와 공의를 실행할 왕으로 그려진다. "공의로 가난한 자를 심판하며 정직으로 세상의 겸손한 자를 판단할 것이며 그의 입의 막대기로 세상을 치며 그의 입술의 기운으로 악인을 죽일 것이며 공의로 그의 허리띠를 삼으며 성실로 그의 몸의 띠를 삼으리라"(사 11:4-5).

정의와 공의는 하나님의 구원과 연결된다. 이사야 42장에서 여호와의 종이 베푸는 정의는 이스라엘의 구원이라는 결과를 가져온다. 이스라엘 백성에게 악을 행하는 이방에 정의를 실행하는 결과가 이스라엘의 구원이 될 것이다. "나 여호와가 의로 너를 불렀은즉 내가 네 손을 잡아 너를 보호하며 너를 세워 백성의 언약과 이방의 빛이

---

4 개역개정의 번역 "의와 공도"는 "정의와 공의"라는 뜻이다.

되게 하리니 네가 눈먼 자들의 눈을 밝히며 갇힌 자를 감옥에서 이끌어 내며 흑암에 앉은 자를 감방에서 나오게 하리라"(사 42:6-7).

그런데 이사야 42:6-7 장면에서 여호와의 종은 이스라엘 백성에게 구원의 소식을 전할 뿐 아니라 이방의 빛이 되라는 부르심을 받는다. 바울은 이 구절을 통해서 자신의 부르심을 이해하고 자신이 이방의 빛으로 부르심받았음을 분명히 한다. 이 말씀에서 바울은 죄인들이 사탄의 권세 아래 있는 것으로 이해하고 새로운 출애굽 사역을 감당해야 함을 깨닫는다. 그는 사도행전 13:47-48에서 이사야 49:6을 인용한다. "주께서 이같이 우리에게 명하시되 내가 너를 이방의 빛으로 삼아 너로 땅끝까지 구원하게 하리라 하셨느니라 하니 이방인들이 듣고 기뻐하여 하나님의 말씀을 찬송하며 영생을 주시기로 작정된 자는 다 믿더라"(행 13:47-48).

여호와의 종으로서 바울이 전하는 복음은 새로운 출애굽의 소식이다. 그 복음은 모든 이방인에게 전해지는 소식이다. 바울 당시 모든 이스라엘 백성은 출애굽 사건을 알았을 것이다. 이집트에서 노예로 살았던 조상들의 삶, 하나님께서 바로에게 거두신 승리, 이스라엘이 출애굽해서 홍해를 건넌 일, 시내 산에서 토라를 받은 일, 하나님이 성막에 영광스럽게 임재하신 일, 아브라함의 자손이 약속받은 땅을 "기업"으로 받고자 고향으로 돌아간 사건을 그들은 다 알고 있었다.[5] 마치 애굽에서 이스라엘이 노예 생활을 하듯 이 세상에서 모든 사람이 죄에 종노릇하고 있는 상황에서, 하나님은 자신의 아들을 보내셔서 온 세상을 구원하신다.

바울은 이 내용을 다음과 같이 선언한다. "그가 우리를 흑암의 권세에서 건져 내사 그의 사랑의 아들의 나라로 옮기셨으니"(골 1:13). 바울이 예수 그리스도의 종으로서 전한 소식은 구약의 여호와의 종이 전했던 출애굽의 소식과 같다. 이와 비슷하게 바울은 로마서 15:21에서 이사야 52:15를 인용한다.[6] "기록된바 주의 소식을 받지 못한 자들이 볼 것이요 듣지 못한 자들이 깨달으리라 함과 같으니라"(롬 15:21).

예수 그리스도의 소식, 곧 복음은 마치 이사야서에서 여호와 하나님이 자신의 백성을 구원하기 위해서 시온으로 오신다는 소식과 같은 것이다. 이사야 본문에서 이 임무는 고난 이후에 높여진 종에게 주어진 일이며 그 종의 메시지는 '열방에 미칠 것'이라고 예언된다(사 52:13-53:12).

바울은 다음과 같이 선언한다. "보내심을 받지 아니하였으면 어찌 전파하리요 기록된바 아름답도다 좋은 소식을 전하는 자들의 발

---

[5] N. T. Wright, *Paul: A Biography* (HarperOne: New York, Edinburgh: T&T Clark, 2018), 160.
[6] "이는 그들이 아직 그들에게 전파되지 아니한 것을 볼 것이요 아직 듣지 못한 것을 깨달을 것임이라"(사 52:15).

이여 함과 같으니라 그러나 그들이 다 복음을 순종하지 아니하였도다 이사야가 이르되 주여 우리가 전한 것을 누가 믿었나이까 하였으니"(롬 10:15-16). 로마서 10:16은 이사야 53:1을 인용하고 있는데, 바울은 자신이 하나님의 종이며 좋은 소식을 전하는 자로서 복음을 선포함으로 이 사역이 성취되고 있다고 선언한다. 바울은 자신을 하나님이 이사야에게 주신 구속의 약속을 이루어 가는 메시아의 종으로 선언한다.

우리가 전하는 복음의 소식은 출애굽의 소식과 같다. 복음은 죄의 종인 사람들에게 자유의 복음을 선포하는 일이다. 복음은 자신의 백성을 구속하시기 위해 여호와 하나님이 시온으로 오신다는 소식이다. 우리의 사역을 통해서 하나님의 구속의 역사가 전파된다. 그 구속의 메시지를 듣고 믿음이 일어난다. 이는 예수를 주님(κύριος)으로 부르는 믿음이다. "누구든지 주의 이름을 부르는 자는 구원을 받으리라"(롬 10:13).

주 예수 그리스도

바울은 자신이 예수 그리스도의 종이라고 선언한다. 예수 그리스도의 종은 구약의 여호와의 종을 대체한다. 예수 그리스도는 여호와 하나님과 같은 권위를 가지고 계시기 때문이다. 예수 그리스도께서 주(κύριος)이시며 그의 이름을 부르는 자가 구원을 얻는다는 바울의 선언이 의미하는 바가 무엇인지 살피고 그것이 바울의 종 됨과 어떤 연결점이 있는지 생각해 보자.

초대 교회 공동체는 이미 예수님을 주라고 고백했다. 바울은 고린도전서를 "우리 주여 오시옵소서(μαράνα θά)[우리 주께서 임하셨도다]"(고전 16:22)라고 마무리한다. 마라나 타(μαράνα θά)는 아람어로, 초기 팔레스타인 기독교 공동체는 예수님을 '주'로 부르고 있다. 이 고백은 중요한 의미가 있는데, 여호와 하나님만 유일신으로 섬기며 그분만 '주'라는 호칭으로 부르던 팔레스타인의 기독교 공동체가 예수님을 주로 부르고 있기 때문이다. 바울은 "그러므로 너희가 그리스도 예수를 주로 받았으니 그 안에서 행하되"(골 2:6)라고 권면한다. 바울 편지의 많은 곳에서 예수님은 주로 불린다(롬 1:4, 7; 4:24; 5:1, 11; 6:23; 8:39; 10:9; 13:14; 14:14; 15:6, 30; 16:18, 20; 고전 1:2, 3, 8, 9, 10; 5:4; 9:1; 11:23; 12:3; 15:31; 16:23; 고후 1:14; 4:5; 11:31; 빌 2:11; 3:8; 골 2:6).

바울은 다른 곳에서 구약을 인용하며 여호와를 '주'로 표현하고(롬 4:7-8[시 32:1-2], 롬 9:27-29[사 10:22-23], 롬 11:34[사 40:13]; 롬 15:9, 11[시 18:50], 고전 3:20[사 94:11], 고후 6:18[삼하 7:8]), 예수님도 '주'로 부르고 있다(롬 10:13[엘 2:32], 고전 1:31[렘 9:24], 고전 2:16[사 40:13], 고전 10:22[신 32:21,

26], 빌 2:10-11[사 45:23-24], 살전 3:13[슥 14:5], 살후 1:8[사 66:15]).[7]

예수 그리스도는 십자가에서 죽으심으로, 모든 만물이 그분 앞에 무릎을 꿇어 경배하는 온 우주의 주인으로 높아지셨다. 베드로는 이렇게 설교한다. "그런즉 이스라엘 온 집은 확실히 알지니 너희가 십자가에 못 박은 이 예수를 하나님이 주와 그리스도가 되게 하셨느니라 하니라"(행 2:36). 하나님 아버지는 예수님이 주와 그리스도가 되게 하셨다. 예수 그리스도의 높아지심은 하나님의 일하심의 결과이며 그리스도의 승귀로 하나님 자신이 영광을 받으신다. "모든 입으로 예수 그리스도를 주라 시인하여 하나님 아버지께 영광을 돌리게 하셨느니라"(빌 2:11).

그렇다면 온 세상의 주(κύριος)의 권위를 가지신 예수님의 종으로 부르심받은 사람은 자신을 어떤 존재로 이해해야 할까? 종의 존귀함은 자신을 부르신 이의 존귀함에 근거한다. 그런데 예수님의 길은 영광의 길일 뿐만 아니라 십자가의 길이기도 하다. 예수 그리스도의 종은 그분을 따라 십자가의 길을 걷는 자이다. 하나님의 본체이신 예수 그리스도께서(빌 2:6) 자신의 영광을 버리고 십자가의 길을 선택하신 것처럼 그분의 종은 십자가의 길을 가며 예수 그리스도처럼 하나님 아버지께만 영광을 돌린다. 그리스도의 부르심을 받은 사람

---

7   Schreiner, *Paul, Apostle of God's Glory in Christ*, 176.

은 자신이 걷는 십자가의 길이 곧 영광의 길이라는 것을 분명하게 인식한다.

새 언약의 종이 받는 영광에 대해서 생각해 보자. 이방인에게 복음을 전하는 새 언약의 일꾼으로서 바울은 여호와 하나님의 종인 모세를 인용한다. 바울은 그리스도를 하나님의 형상으로 정의하면서 옛 언약 안에서 행한 모세의 영광스러운 사역을 새 언약 안에서 행하는 자신의 사역과 비교한다(고후 2:14-4:6).[8] "우리가 다 수건을 벗은 얼굴로 거울을 보는 것같이 주의 영광을 보매 **그와 같은 형상**으로 변화하여 영광에서 영광에 이르니 곧 주의 영으로 말미암음이니라"(고후 3:18).

이어서 바울은 그리스도를 하나님의 형상과 연결하면서 복음의 영광스러운 측면을 "복음의 광채"로 표현한다. "그 중에 이 세상의 신이 믿지 아니하는 자들의 마음을 혼미하게 하여 그리스도의 **영광의 복음의 광채**가 비치지 못하게 함이니 그리스도는 하나님의 형상이니라"(고후 4:4). 바로 다음 구절에서 바울은 사도로서 자신의 사역이 예수님의 주 되심과 자신의 종 됨을 전파하는 일이라고 선언한다. "우리는 우리를 전파하는 것이 아니라 **오직 그리스도 예수의 주 되신 것**과 또 예수를 위하여 **우리가 너희의 종** 된 것을 전파함이라"

---

[8] Frank J. Matera, *God's Saving Grace: A Pauline Theology* (Grand Rapids: Eerdmans, 2012), 76.

(고후 4:5).

바울은 이 단락에서 다메섹으로 가는 길에 자신이 경험한 내용을 암시하면서 결론을 내린다.[9] "어두운 데에 빛이 비치라 말씀하셨던 그 하나님께서 예수 그리스도의 얼굴에 있는 하나님의 영광을 아는 빛을 우리 마음에 비추셨느니라"(고후 4:6). 다메섹으로 가는 길에 바울이 했던 경험은 부활하신 그리스도께서 하나님의 영광에 둘러싸여 있음을 보여 준다. 이방인에게 예수 그리스도의 이름을 전하기 위한 그릇이라는 바울의 부르심은 예수 그리스도의 종이라는 자기 인식과 연결된다. 이방인에게 예수 그리스도의 복음을 전하는 일은 새 언약의 일꾼이 담당해야 할 사역이다.

바울이 예수 그리스도의 종으로 살아가는 방식은 단순히 낮아짐만을 의미하지 않는다. 물론 종으로서 바울은 예수 그리스도께 전적으로 헌신한다. 그 헌신은 옛 언약과 비교할 수 없는 새 언약으로 인한 영광의 길을 걷는 것으로 이해할 수 있다. 여호와 하나님이 자신의 백성을 찾아오실 때 임하던 그 놀라운 영광이 이제 예수 그리스도의 영광이 되었다. 온 우주의 주로 인정받는 예수 그리스도의 종으로서 바울은 자신의 부르심이 얼마나 영광스러운 것인지를 이해하고 있다.

---

9   Matera, *God's Saving Grace*, 76.

적용

우리가 예수 그리스도의 종이라는 점은 놀라운 사실이다. '종'이라는 단어는 전적인 헌신을 의미한다. 우리가 정말 아무런 존재가 아니라는 의미이기도 하지만 사역자로서 우리의 위치를 예수 그리스도 안에서 찾아야 한다는 의미이기도 하다. 구약에서 선지자들이 여호와 하나님의 종인 것처럼 우리도 온 우주의 주인이신 예수 그리스도를 섬기는 종이다. 우리 자신은 비록 보잘것없고 아무것도 아니라고 할지라도 우리가 섬기는 그분의 높으심이 우리의 정체성을 정의한다는 것을 잊지 말아야 한다. 그러므로 우리는 주님이신 그리스도만을 자랑해야 한다. 학벌, 명성, 재물로 우리의 존재가 정의되지 않는다. 예수 그리스도 그분과 우리의 관계를 볼 때 우리가 어떤 존재인지 알 수 있다.

"우리는 예수 그리스도의 종이다"라는 말에서 초점은 "예수 그리스도"에 있다. 우리는 높이 들리셔서 하나님 보좌 우편에 좌정하신 온 우주의 왕이신 예수 그리스도의 종이다. 그분의 종으로 부르심을 받고 사역자로서 복음을 전하고 있는 그곳이 혹시 아골 골짜기나 빈 들일지도 모르겠다. 아무도 인정해 주지 않는 길을 걷고 있을지도 모르겠다. 그러나 우리는 나약하고 부족하더라도, 맨 마지막 자리로 밀려나고 낮아지는 것 같을지라도, 그런 사역 현장에도 영광스러운 하나님이 함께하신다. 내가 나를 정의하는 것이 아니라 높으신 하나님의 눈으로 나를 정의하고 거기에서 의미를 찾아야 한다. 나는 종이지만 온 우주의 왕이신 예수 그리스도의 종이라는 사실을 명심하자. 그분은 우리를 영광스러운 사역자로 부르셨다.

김홍전의 『하나님에 대한 묵상』, 래리 허타도의 『주 예수 그리스도』를 추천한다. 우리 자신의 부르심을 이해하기 위해서는 하나님 그분, 그리고 온 세상의 퀴리오스이신 예수 그리스도를 이해해야 한다.

1. 바울이 말하는 하나님의 경륜은 무엇인가? 하나님은 그 구원의 경륜을 누구를 통해서 이루어 가시는가? 그렇다면 우리가 맡고 있는 일에는 어떤 의미가 있다고 이해할 수 있는가?

2. 새로운 출애굽의 관점에서 볼 때, 새 언약의 일꾼은 어떤 일을 한다고 말할 수 있는가? 구약에서 여호와의 종에게 맡겨졌던 일이 이제 누구에게 맡겨지고 있는가?

3. 바울이 골로새 교인들에게 "그가 우리를 흑암의 권세에서 건져 내사 그의 사랑의 아들의 나라로 옮기셨으니"(골 1:13)라고 한 말을 지금 우리의 사역과 어떻게 연결시킬 수 있는가? 우리는 이 사역을 어떻게 감당하고 있는가?

4. 바울은 자신을 예수 그리스도의 종이라고 소개한다. 구약에서 여호와 하나님의 종은 어떤 사람들인가? 예수 그리스도의 종이라는 바울의 자기 이해는 구약의 인물들과 비교해 보면 어떤 의미가 있는가?

5. 바울은 예수 그리스도가 여호와 하나님의 권위를 가지신 "주"(χύριος)라고 선언한다. 예수님은 온 우주를 다스리시는 주인이시다. 우리는 자기 정체성의 초점을 자신에게 두고 있는가? 온 우주의 주인이신 예수 그리스도께 두고 있는가?

3. 사역의 길
고난, 예수님의 십자가의 길

▲▲▲

고난도 함께 받아야 할 것이니라

영광의 길은 고난의 길과 엮여 있다. 예수 그리스도의 종으로서 가야 할 길은 그 한 가지뿐이다. 영광과 고난은 따로 떨어져서 존재하지 않는다. 바울은 로마 교인들에게 그들이 영광을 받기 위해서는 고난과 함께 받아야 한다고 설명한다. "자녀이면 또한 상속자 곧 하나님의 상속자요 그리스도와 함께한 상속자니 우리가 그와 함께 영광을 받기 위하여 고난도 함께 받아야 할 것이니라"(롬 8:17).

바울은 이 가르침을 자신에게도 적용한다. 바울은 복음을 전하면서 수많은 어려움과 고난을 겪었다. 그리스도 예수의 종으로서 영광만 있는 길이 아니라 고난과 십자가의 길을 걸었다. 목회자로서 우리는 혹시 영광의 길만 추구하지는 않는가? 우리는 삶과 사역에서 어떤 고난을 당하고 있는가? 이번 장에서는 바울이 걸어간 고난의 길을 함께 생각해 보려고 한다.

바울은 고린도후서 6:2에서 다음과 같이 말한다. "이르시되 내가 은혜 베풀 때에 너에게 듣고 구원의 날에 너를 도왔다 하셨으니 보라 지금은 은혜 받을 만한 때요 보라 지금은 구원의 날이로다." 이 구절은 이사야 49:8을 인용한 것이다. 바울은 자신이 구약에서 여호와의 종으로 지칭된 사람들과 같은 사역을 하고 있다고 이해한다. 이사야가 선포하는 구원의 날이 이제 예수 그리스도를 통해서 이루어졌고 자신은 그 일을 섬기는 종으로서 사역을 감당하고 있음을 선언한다. 그런데 바울은 바로 이어지는 구절에서 하나님의 일꾼으로서 자신이 당하고 있는 고난을 나열한다.

"오직 모든 일에 하나님의 일꾼으로 자천하여 많이 견디는 것과 환난과 궁핍과 고난과 매 맞음과 갇힘과 난동과 수고로움과 자지 못함과 먹지 못함 가운데서도 깨끗함과 지식과 오래 참음과 자비함과 성령의 감화와 거짓이 없는 사랑과 진리의 말씀과 하나님의 능력으로 의의 무기를 좌우에 가지고 영광과 욕됨으로 그러했으며 악한 이름과 아름다운 이름으로 그러했느니라 우리는 속이는 자 같으나 참되고 무명한 자 같으나 유명한 자요 죽은 자 같으나 보라 우리가 살아 있고 징계를 받는 자 같으나 죽임을 당하지 아니하고 근심하는 자 같으나 항상 기뻐하고 가난한

3. 사역의 길 • • **45**

자 같으나 많은 사람을 부요하게 하고 아무것도 없는 자 같으나 모든 것을 가진 자로다"(고후 6:4-10)

바울의 수고와 고난을 보라. 바울은 고난 받는 종이었던 예수 그리스도를 따르기 위해 온갖 수고를 감당한다. 바울은 예수 그리스도의 십자가 사건과 관련된 선교 사역을 감당하며 고난을 받고 있다. 물론 바울은 자신을 예수 그리스도와 동일시하지는 않는다. 그저 고난 받는 여호와의 종인 예수님이 걸어가셨던 길을 걸어가고 있을 뿐이다. 그는 예수 그리스도의 고난을 이어 가고 있다.

다메섹으로 가는 길에 예수님을 만나고 부르심을 받았을 때부터, 바울이 예수님을 위해 고난을 당하게 되리라는 것은 암시되어 있었다. "내 이름을 이방인과 임금들과 이스라엘 자손들에게 전하기 위하여 택한"(행 9:15) 그릇이라는 바울의 부르심에는 역설이 존재한다. 예수님은 사람들에게 거절당하시고 고난을 당하시고 결국 십자가에 달리셨다. 누가 예수님을 십자가에 못 박았는가? 권력자들은 예수님을 십자가에 못 박았고 이방인들은 그분을 거절했다. "호산나, 다윗의 자손이여!"라고 예수님을 향해 외쳤던 이스라엘 백성은 그분을 버렸다. 그런데 역설적으로 예수님은 그 권력자들과 이방인들에게 복음을 전하는 그릇으로 바울을 택하신다. 그러므로 바울은 예수님의 길, 고난과 핍박의 길을 걷게 될 것이다.

바울이 기꺼이 수고하고 고난을 받는 이유는 자신을 사도로 불러 주신 하나님의 일방적인 은혜를 깨달았기 때문이다. 바울은 자신의 사도 됨이 하나님의 은혜 덕분이라고 고백한다. "그로 말미암아 우리가 은혜와 사도의 직분을 받아 그의 이름을 위하여 모든 이방인 중에서 믿어 순종하게 하나니"(롬 1:5). 한글 성경은 은혜와 사도의 직분을 병렬시키고 있다. 은혜는 그리스도인이 하나님께 받는 전적인 선물이며 사도의 직분은 바울의 특별한 부르심이라고 할 수 있다. 그러나 이 두 단어는 서로 다른 두 의미를 병렬한 것이 아니라 두 단어로 한 가지 의미를 제시하는 표현법(hendiadys)이다. 그러므로 "은혜와 사도의 직분"은 하나님의 특별한 은혜로 받은 사도의 직분이라고 이해할 수 있다.[1] 사도의 직분을 하나님의 은혜로 받았기에 바울은 하나님을 위해 고난까지도 기쁘게 받아들인다.

바울은 하나님의 은혜에 대해서 다음과 같이 말한다. "나는 사도 중에 가장 작은 자라 나는 하나님의 교회를 박해하였으므로 사도라 칭함 받기를 감당하지 못할 자니라 그러나 내가 나 된 것은 하나님의 은혜로 된 것이니 내게 주신 그의 은혜가 헛되지 아니하여 내가 모든 사도보다 더 많이 수고하였으나 내가 한 것이 아니요 오직 나와 함께하신 하나님의 은혜로라"(고전 15:9-10). 하나님의 은혜 때문

---

[1] Longenecker, *The Epistle to the Romans*, 78-79.

에 바울은 복음을 위해 모든 사도보다 더 많이 수고한다. 이 수고는 자신의 목적을 성취하거나 구원을 얻기 위한 수단이 아니라 하나님의 은혜에 반응하는 것으로 이해할 수 있다.

힘을 다하여

바울은 하나님의 은혜 때문에 모두에게 빚진 자이며, 이 사실은 그가 로마에 복음을 선포하고자 하는 이유가 된다(롬 1:14-15). 주의 종으로서 바울의 사역은 평화로움과 거리가 멀었다. 바울은 자신이 사역하는 모든 곳에서 성도를 온전하게 세우기 위해서 힘써 수고한다. 육체노동자처럼 땀을 뻘뻘 흘리고, 혼신의 힘을 다하여 이기기를 힘쓰는 운동선수처럼 수고하고 있다.[2] "이를 위하여 나도 내 속에서 능력으로 역사하시는 이의 역사를 따라 힘을 다하여 수고하노라"(골 1:29).

바울은 선교 여행에서 수많은 어려움을 겪었을 뿐만 아니라 많은 대적의 도전을 받기도 했다(고전 4:11-13; 고후 6:3-10; 11:22-29). 고린도의 거짓 사도들은 바울의 사도권을 인정하지 않았는데 그것은 바울의 고난과 약함 때문이었다(고후 11:13-15). 그러나 바울은 자기 사도

---

2 길성남, 『골로새서·빌레몬서』 (서울: 이레서원, 2019), 134.

권의 근거를 자신이 전하는 복음에서(갈 1-2장), 그리고 자신의 약함과 고난에서 찾는다(고후 12:8-10; 13:3-4). 하나님 나라의 능력이 바울의 약함과 고난에서 나타난다. 그 능력은 그리스도의 십자가로 인한 것이다. 십자가의 메시지는 어리석고 약한 것처럼 보인다(고전 1:18-25). 고린도 교회는 복음을 전하는 자들의 능력과 수사학에 빠져서 분파를 이루고 있었다.[3] 십자가의 길을 따르는 바울의 길은 세상 사람들이 가치 있게 생각하는 지혜와 능력과는 다른 길이다. 십자가의 길을 따라가는 바울이 진정한 사도이다. 바울의 약함과 고난의 길을 통해서 하나님의 영광의 길이 드러난다. 고난과 약함의 길이 승리의 길이다. 십자가의 길이 승리의 길이다.

십자가로 이기셨느니라

십자가가 승리의 길이라는 것을 바울은 이렇게 말한다. "우리를 거스르고 불리하게 하는 법조문으로 쓴 증서를 지우시고 제하여 버리사 십자가에 못 박으시고 통치자들과 권세들을 무력화하여 드러내어 구경거리로 삼으시고 십자가로 그들을 이기셨느니라"(골 2:14-15). 예수 그리스도는 저주와 죽음, 고난과 수고의 십자가를 짊어지

---

[3] Schreiner, *Paul, Apostle of God's Glory in Christ*, 100.

셨다. 그러나 예수님은 십자가에 못 박힘으로 결국에는 승리하시고 악한 영들을 포로로 끌고 가신다.

예수 그리스도의 십자가 승리로 인해 사도 바울 자신도 사역에서 승리할 것이라고 말한다. "항상 우리를 그리스도 안에서 이기게 하시고 우리로 말미암아 각처에서 그리스도를 아는 냄새를 나타내시는 하나님께 감사하노라"(고후 2:14). 바울은 자신이 승리의 행진을 하고 있다고 말한다. 이 승리의 행진은 바울의 사역이 어떤 성격인지를 보여 준다.[4] 승리의 행진은 제의적인 언어로 표현된다(고후 2:14-16).

고난과 죽음 가운데 있는 바울에게서 그리스도의 향기가 흘러나온다. 아시아에서 바울은 죽음에 이르는 것과 같은 심한 고난을 받았다. 그러나 바울은 이 죽음과 같은 고난의 상황에서 자신을 의지하지 않고 "죽은 자를 살리시는" 하나님만 의지한다. 하나님이 바울을 승리하게 하신다.

"형제들아 우리가 아시아에서 당한 환난을 너희가 모르기를 원하지 아니하노니 힘에 겹도록 심한 고난을 당하여 살 소망까지 끊어지고 우리는 우리 자신이 사형 선고를 받은 줄 알았으니 이는 우리로 자기를 의지

---

4 Ibid., 93.

하지 말고 오직 죽은 자를 다시 살리시는 하나님만 의지하게 하심이라"
(고후 1:8-9)

또한 바울은 자신이 당하는 고난을 예수 그리스도의 남은 고난을 채우는 것으로 이해한다. "나는 이제 너희를 위하여 받는 괴로움을 기뻐하고 그리스도의 남은 고난을 그의 몸 된 교회를 위하여 내 육체에 채우노라"(골 1:24).

교회의 일꾼

골로새서 1:24은 교회가 그리스도와 연합하여 그분을 위해 고난을 당한다고 말한다.[5] 예수 그리스도를 위해서 고난당하는 사람, 그가 교회의 참된 일꾼이다. 그러므로 예수 그리스도를 위해 고난받는 바울이 교회의 일꾼이라고 할 수 있다. 계속해서 바울은 다음과 같이 말한다.

"내가 교회의 일꾼 된 것은 하나님이 너희를 위하여 내게 주신 직분을 따라 하나님의 말씀을 이루려 함이니라 이 비밀은 만세와 만대로부터

---
5   길성남, 『골로새서 · 빌레몬서』, 123.

감추어졌던 것인데 이제는 그의 성도들에게 나타났고 하나님이 그들로 하여금 이 비밀의 영광이 이방인 가운데 얼마나 풍성한지를 알게 하려 하심이라 이 비밀은 너희 안에 계신 그리스도시니 곧 영광의 소망이니라"(골 1:25-27)

"이 비밀"은 앞에서 말한 대로 하나님의 구속 역사 계획을 가리킨다. 사도 바울은 유대인과 이방인들에게 그 비밀을 전하고 있다. 그들은 이 비밀을 듣고 믿는다. 유대인과 이방인 모두 하나님의 백성이다. 이 사역을 하도록 바울은 부르심을 받았다. 그는 이 일을 위해서 기꺼이 수고하고 고난을 받는다.

섬기는 자로서 자기를 "일꾼"이라고 표현하는 것은 자신을 하나님께 온전히 드린다는 제의적인 의미와도 연결된다. 로마서 15:16에서 바울은 제의적인 언어를 사용한다. "일꾼", "제사장 직분", "제물", "거룩하게 되어", "받으실 만하게" 등이다. "일꾼"(λειτουργός)은 제사장적인 임무를 표현하는 단어다. 고린도후서에서 "일꾼"의 역할은 예루살렘을 위한 연보를 모으는 일이다. 로마서 15:28에서 이 연보는 유럽 교회의 열매로 표현되고 이는 바울이 행한 선교의 결과물이다. 이방인 그리스도인과 유대인 그리스도인 모두 함께 하나님의 은혜에 참여하는 것을 나타내기도 하고 이 일은 마치 하나님 앞에 제사를 드리는 것과 같은 것으로 이해할 수 있다.

전제로 드릴지라도

"만일 너희 믿음의 제물(θυσία)과 섬김(λειτουργία) 위에 내가 나를 전제로 드릴지라도 나는 기뻐하고 너희 무리와 함께 기뻐하리니"(빌 2:17). 바울은 이 섬김이라는 단어를 제의적인 의미로 제시한다.[6] 바울은 이 일을 위해서 자신이 전제로 드려진다고 하더라도(σπένδω) 기뻐할 것이라고 말한다. 빌립보 교인들의 믿음은 하나님 앞에 드려지는 제사의 의미를 가지는데 바울은 이 일을 위해서 자신을 온전히 드리는 섬김의 모습으로 수고한다.[7] 바울은 자신의 수고와 노력을 하나님께 드리는 제사의 의미로 강조해서 표현한다.

바울의 고난은 또한 그리스도인을 위한 모델이다. 바울은 고난을 받음으로 데살로니가 교인들에게 모델이 되었고 데살로니가 교인들 또한 고난을 통해서 다른 이들에게 모델이 되었다.[8] "또 너희는 많은 환난 가운데서 성령의 기쁨으로 말씀을 받아 우리와 주를 본받은 자가 되었으니 그러므로 너희가 마게도냐와 아가야에 있는 모든 믿는 자의 본이 되었느니라"(살전 1:6-7). 복음은 바울의 선포를 통해서뿐만 아니라 그의 고난과 삶을 통해서도 사람들에게 전해진다.

---

6 Hermann Strathmann, "λειτουργία," in *TDNT*, 4:227.
7 Ibid.
8 Schreiner, *Paul, Apostle of God's Glory in Christ*, 86.

바울은 자신이 가는 고난의 길을 다양한 측면으로 설명한다. 특별히 고린도 교회가 영광의 길을 걷는 사역자들을 하나님의 일꾼으로 높이고 있을 때, 바울은 십자가의 길을 걸으며 고난과 수고를 감당하는 자신이 참된 사도라는 것을 강조했다. 바울은 자신을 제물로 드리는 것처럼 하나님 앞에서 수고하고 노력했다. 바울이 가는 십자가의 길은 어리석음의 길이 아니다. 십자가의 길이야말로 참된 사도의 표지이다.

적용

고난 받는 종이신 예수 그리스도는 우리의 모델이 되신다. 바울은 자신이 예수 그리스도를 본받는 자라고 말하면서 성도들에게 자신을 본받으라고 권면한다. "내가 그리스도를 본받는 자가 된 것같이 너희는 나를 본받는 자가 되라"(고전 11:1). 예수 그리스도를 본받는다는 것은 무슨 의미일까? 그것은 예수 그리스도가 가신 십자가의 길을 걷는 것이다. 영광의 길은 십자가의 길과 분리될 수 없다. 우리는 예수 그리스도의 종으로서, 그리고 십자가의 복음을 전하는 자로서 수고하고 고난당하는 길을 걷는다. 만약 사역과 부르심의 길에서 영광의 길만 펼쳐진다면, 혹은 영광의 길만 좇아서 가고 있다면 자신이 진실로 예수 그리스도의 사역자인지 질문해 보아야 한다.

필자는 캠퍼스 사역자로 사역을 시작했다. 후원금으로 생활해야 했는데, 그 금액이 너무 작았다. 캠퍼스에 가야 하는데 차비가 없어서 어떻게 해야 하나 고민했던 적도 많다. 밥을 사 먹을 돈이 없어서 오히려 학생들에게 밥을 얻어먹은 경험도 있다. 그러나 그렇게 힘든 중에 사역하던 때가 사실은 가장 행복한 시간이었다. 우리가 가슴에 품어야 할 내용은 하나님께서 그분의 영광스러운 구속 사역에 우리를 부르셨다는 사실이다. 그 사실을 가슴에 품으면 힘들고 어려운 길이라도 끝까지 갈 수 있다.

바울은 자신이 "살든지 죽든지 내 몸에서 그리스도가 존귀하게" 되기를 바란다고 말한다(빌 1:20). 온 마음이 그리스도로 가득한 바울의 비전은 그의 유명한 말로 표현된다. "이는 내게 사는 것이 그리스도니 죽는 것도 유익함이라"(빌 1:21). 그는 그리스도의 종으로서(참조. 빌 1:1) 기꺼이 죽어 그리스도와 함께 있기를 원한다. 그러면서도 다른 사람들을 섬길 수 있도록 자기 삶을 더 살아 내고자 한다. 어느 경우든 예수 그리스도와 십자가 복음을 선포하는 사명이 바울을 움직이는 원동력이다. 우리 자신은 낮아지고 십자가의 길을 걷는다고 하더라도 예수 그리스도 그분만 존귀하게 높여 드릴 수 있다면, 우리는 십자가의 길을 기꺼이 걸어가야 한다.

이승장의 『종의 노래』, 엘리자베스 엘리엇의 『전능자의 그늘』을 읽어 보기 바란다. 물질적으로 부유한 시대에 혹시 그 부유함에 빠져 십자가의 길을 잃어버린 것은 아닌지, 또는 사역 현장이 너무 힘들고 어려워서 예수 그리스도를 바라보는 일을 놓치고 있는 것은 아닌지 자문해 보자.

1. 바울은 "내가 너희 중에서 예수 그리스도와 그가 십자가에 못 박히신 것 외에는 아무것도 알지 아니하기로 작정하였음이라"(고전 2:2)라고 말한다. 이 말은 무슨 의미인가? 풍성함과 부유함을 누리던 고린도 교회 성도들과 바울은 어떤 점에서 대조되는가?

2. "나는 이제 너희를 위하여 받는 괴로움을 기뻐하고 그리스도의 남은 고난을 그의 몸 된 교회를 위하여 내 육체에 채우노라"(골 1:24). 바울은 골로새 교인들에게 고난에 대해서 말하고 있다. 우리가 현재 당하는 고난은 무엇이며, 무슨 목적을 위한 고난인가?

3. 바울은 십자가의 길은 고난으로 끝나지 않고 승리의 개선행진으로 연결된다고 말한다. 우리가 고난의 길을 걷고 난 그 끝에 승리가 있으리라고 확신할 수 있는가? 또는 승리를 경험해 본 적이 있는가?

4. 바울은 자신이 마치 제사의 제물인 것처럼 표현한다. 우리 사역에서

바울이 말하는 것처럼 전적으로 하나님께 드리는 제사라고 말할 수 있는 부분이 있는가?

4. 사역의 동력
하나님의 주권적인 선택과 은혜

바울은 사도로서의 부르심을 전적인 하나님의 은혜라고 고백한다. 그는 이 은혜를 여러 가지 측면으로 설명한다. 자신의 부족함에도 불구하고 하나님 나라의 일꾼으로 부르신 은혜가 그중 하나이다. 이 언어는 택정함이라는 단어로도 표현된다. 하나님은 바울을 그분의 일꾼으로 이미 정하셨기 때문이다. 바울은 부르심과 관련해서 하나님의 미리 정하심을 예레미야와 이사야 같은 선지자들이 받은 부르심과 같은 것으로 이해한다. 예정을 운명론적인 틀로 이해하는 것이 아니라 하나님의 전적인 은혜로 이해한다. 바울이 자신의 부르심을 철저하게 하나님의 은혜로 이해하고 고백하는 것은 매우 특징적이다. 목회자로서, 사역자로서, 우리는 사역을 잘 감당할 만한 이유를 우리 자신이 가지고 있다고 생각할 수 있다. 그러나 바울은 그런 방식으로 자신의 부르심을 설명하지 않는다. "모든 것은 하나님의 은혜일 뿐이다"라고 바울은 강조해서 말하고 있다.

만삭되지 못하여 난 자

바울은 자신의 부르심이 하나님의 은혜와 긍휼 덕분이라고 말한다. "이 복음을 위하여 그의 능력이 역사하시는 대로 내게 주신 하나님의 은혜의 선물을 따라 내가 일꾼이 되었노라"(엡 3:7). 사도직은 하나님의 은혜로 받은 것이다(롬 1:4). 고린도전서 15:8에서는 바울이 다음과 같이 말한다. "맨 나중에 만삭되지 못하여 난 자 같은 내게도 보이셨느니라."

바울은 고린도 교회에 편지를 쓰면서 자신의 사도권을 변호한다.[1] 여러 지도자를 중심으로 분파가 형성되어 갈등하고 있는 고린도 교회 상황에서 교인들은 교회 지도자들이 가지고 있는 능력이나 장점을 따라서 그들을 사도로 인정했다. 바울은 자신의 사도권을 변호하면서 자신은 매우 부족한 사람이지만 이러한 자신을 하나님께서 사도로 불러 주셨고, 그렇게 자신이 사도가 된 것은 전적인 하나님의 은혜라고 확신 있게 전한다.

바울은 그리스도께서 자신에게 나타나신 사건을 자신의 사도권

---

1 Anthony C. Thiselton, *The First Epistle to the Corinthians: A Commentary on the Greek Text*, NIGTC (Grand Rapids: Eerdmans, 2000), 1208.

과 연결시킨다. "맨 나중에"(ἔσχατον)라는 구절은 부활하신 그리스도께서 여러 사도들 중에서 바울에게 가장 늦게라도 직접 보이셨음을 표현한다. 이는 바울이 복음을 전하는 자로서 예수 그리스도의 공식적인 인정을 받았음을 뜻한다.² 또한 바울은 "만삭되지 못하여 난 자"(ἔκτρωμα)와 같지만 하나님의 은혜로 사도로 부르심을 받았다고 고백한다. 하나님의 은혜만이 그가 진정한 사도임을 증명한다. 인간의 능력이나 지혜로는 하나님의 사도로 부르심받았음을 보증해 주지 못한다.

사도 바울은 에베소서 3:7에서 자신이 사도로 부르심받은 것이 하나님의 은혜 덕분이라고 말한 후에 곧 이어서 "모든 성도 중에 지극히 작은 자보다 더 작은 나"(엡 3:8)라고 고백한다. 바울은 자신이 보잘것없는 존재이기에 하나님의 비밀을 전하는 사명을 받을 자격이 없다고 인정한다. 자신이 가치 없는 존재임을 인정하기에 그러한 자신에게 이 큰 은혜를 주신 것에 하나님께 깊은 감사를 드릴 수 있다.³ 바울이 가는 소명의 길은 하나님의 은혜에 감사하는 마음으로 걷는 길이다.

고린도 교회는 다른 사도들의 탁월함에 집중하는 반면 바울은 자

---

2 David E. Garland, *1 Corinthians*, BECNT (Grand Rapids: Baker Academic, 2003), 691.
3 길성남, 『에베소서 어떻게 읽을 것인가』, 227.

신의 연약함을 강조한다. 바울은 최상급을 사용해서 이 점을 강조한다. 고린도전서 15:9에서 바울은 "가장 작은"(ἐλάχιστος, 최상급)이라는 표현을 사용한다. 에베소서 3:8에서는 "지극히 작은 자보다 더 작은"(ἐλαχιστότερος, 비교급의 어미를 가진 최상급)이라고 말하면서 자신의 부족함과 연약함을 강조할 뿐만 아니라 그리스도의 은혜가 크심을 강조한다.[4] 바울은 자신의 쓸모없음을 강조하며 하나님의 은혜를 높인다.

바울은 자신을 부르신 하나님의 은혜에 관해 다음과 같이 말한다. "너희를 위하여 내게 주신 하나님의 그 은혜의 경륜을 너희가 들었을 터이라"(엡 3:2). 이 구절에서 '경륜'은 하나님께서 바울에게 맡기신 직무를 의미한다. 바울이 하나님을 섬기는 방식은 하나님이 자신에게 드러내신 비밀의 계시, 즉 복음을 선포하는 일이다. 바울의 사역은 이방인들에게 복음을 전해서 그들이 십자가의 비밀을 "보도록"(φωτίζω, "드러내게"[개역개정]) 하는 것이다(엡 3:9).[5]

바울은 이제 생명을 주는 은혜를 전하는 일을 맡게 되었다. 그는 생명을 살리는 새 언약의 일꾼이다. "그가 또한 우리를 새 언약의 일꾼 되기에 만족하게 하셨으니(ἱκανόω) 율법 조문으로 하지 아니하고 오직 영으로 함이니 율법 조문은 죽이는 것이요 영은 살리는 것

---

4 Andrew T. Lincoln, *Ephesians*, WBC 42 (Dallas: Word, 1990), 183.
5 Schreiner, *Paul, Apostle of God's Glory in Christ*, 30.

이니라"(고후 3:6). "만족하게 하다"(ἱκανόω)라는 말은 하나님께서 그들의 자격을 인정하셨음을 의미한다.6 바울은 새 언약의 일꾼으로 인정받아 그리스도의 복음 가운데 있는 하나님의 뜻을 선포한다. 새 언약의 일꾼으로서 해야 할 사역은 성령과 함께하면서 생명을 살리는 일이다. 성령은 "살아 계신 하나님의 영"(고후 3:3)이며 "죄와 사망의 법에서" 해방시키는 영이다(롬 8:2). 하나님은 연약한 우리를 불러서 하나님의 은혜를 전하는 통로가 되어 생명을 살리게 하신다.

우리는 예수 그리스도의 종으로서 고난당하고 수고하는 바울을 생각해 보았다. 하나님의 놀라운 은혜는 그러한 상황 속에서도 바울로 하여금 감사하면서 살게 하고 하나님을 위해서 수고하고 헌신하게 만들었다. 우리 역시 진정으로 하나님의 은혜에 감사한다면 복음으로 인한 고난을 피할 이유가 없다. 복음을 세상에 전하기 위해서는 고통스럽게 수고할 수밖에 없다(고후 11:23-29).7

바울은 다음과 같이 고백한다. "그러나 내가 나 된 것은 하나님의 은혜로 된 것이니 내게 주신 그의 은혜가 헛되지 아니하여 내가 모든 사도보다 더 많이 수고하였으나 내가 한 것이 아니요 오직 나와 함께하신 하나님의 은혜로라"(고전 15:10). 바울의 부르심은 오로지

6　Murray J. Harris, *The Second Epistle to the Corinthians: A Commentary on the Greek Text*, NIGTC (Grand Rapids: Eerdmans, 2005), 270.
7　Garland, *1 Corinthians*, 694-95.

하나님의 은혜에서 온다. 모든 것은 하나님께 돌려진다. 그러므로 바울이 사도로서 수고한 자랑은 자신에게 있지 않고 주께 있다. "자랑하는 자는 주 안에서 자랑하라 함과 같게 하려 함이라"(고전 1:31). 바울은 자신이 다른 사도들보다 더 많이 수고했고 자기 사역의 결과가 헛되지 않다고 말한다. 이 일을 가능하게 한 것은 하나님의 은혜다.

택정함을 입었으니

바울은 자신의 부르심의 기원이 신적인 것임을 분명히 한다. 바울은 자신이 복음을 위해서 택정함을 입었다고 말한다. "예수 그리스도의 종 바울은 사도로 부르심을 받아 하나님의 복음을 위하여 택정함을 입었으니"(롬 1:1). "택정하다"(ἀφορίζω)라는 말은 '구분하다'라는 의미이며 따로 구별해서 정했다는 뜻이다(갈 1:13-15).[8] 갈라디아서에서는 하나님이 자신을 택정하신 이유가 이방인 선교를 위해서라고 강조한다. "그러나 내 어머니의 태로부터 나를 택정하시고 그의 은혜로 나를 부르신 이가 그의 아들을 이방에 전하기 위하여 그를 내 속에 나타내시기를 기뻐하셨을 때에…"(갈 1:15-16).

---

8   BDAG, 158.

여기에서 바울은 이사야 49:1("여호와께서 태에서부터 나를 부르셨고 내 어머니의 복중에서부터 내 이름을 기억하셨으며")과 예레미야 1:5("내가 너를 모태에 짓기 전에 너를 알았고 네가 배에서 나오기 전에 너를 성별하였고 너를 여러 나라의 선지자로 세웠노라 하시기로")에 의존하고 있다. 사도로서 바울은 구약에서 선지자들이 예언한 것이 성취되었음을 선포하고 있기 때문이다(롬 1:2; 16:26).

선지자들의 부르심과 자신의 종으로서의 부르심을 비슷한 것으로 이해하는 바울은 "은혜"로 자신을 "부르신"이(καλέσας)가 그의 아들을 자신에게 계시하는 것(ἀποκαλύψαι, "나타내시기를[개역개정]")을 기뻐하셨다(εὐδόκησεν)고 표현한다(갈 1:16). "기뻐하셨다"는 단어는 하나님의 주권적인 선택으로 바울을 사도로 부르셨음을 의미한다.[9]

사도로서 택정함을 입은 바울은 복음이 선포되지 않은 곳(롬 15:15-21)에서 교회를 세우는 일에 헌신한다(고후 3:1-3; 10:12-18). 바울이 태어나기 전에 하나님이 특별히 따로 떼어서(ἀφορίζω) 그에게 하나님의 복음 선포라는 특별한 일을 맡기심은 이사야와 예레미야의 경우와 같다. 이사야는 자신의 선지자적 사명을 열방에 하나님의 영광의 빛을 비추는 것으로 이해했다. 바울은 하나님의 메시아 곧 그리스도를 대적하던 자였지만 이제 완전히 돌아서서, 메시아의 사도

---

9 Schreiner, *Paul, Apostle of God's Glory in Christ*, 30.

곧 사절이 되어 메시아 안에서 이루어진 하나님의 섭리를 전할 뿐 아니라 하나님이 그 섭리를 기초로 모든 백성을 받아 주심을 선언한다.

부득불 할 일

바울은 자신의 부르심과 사도적인 권위를 설명하기 위해서 이 일이 자신이 선택할 수 있는 일이 아니라 부득불 할 일(ἀνάγκη)이라고 역설한다. "내가 복음을 전할지라도 자랑할 것이 없음은 내가 부득불 할 일임이라 만일 복음을 전하지 아니하면 내게 화가 있을 것이로다"(고전 9:16). 바울이 "부득불 할 일"을 강조한 사실은 예레미야 20:9를 반영한다. "내가 다시는 여호와를 선포하지 아니하며 그의 이름으로 말하지 아니하리라 하면 나의 마음이 불붙는 것 같아서 골수에 사무치니 답답하여 견딜 수 없나이다"(렘 20:9).

하나님의 말씀을 전하도록 하나님은 예레미야 선지자를 강하게 압박하신다. 예레미야는 하나님의 말씀을 전하지 않고는 견딜 수 없다. 자신이 위험한 상황에 처하더라도 침묵을 지킬 수 없다. 바울 역시 복음을 전하면서 많은 사람들의 적대감을 견뎌야 했고 극한 고난을 감수해야 했다. 마치 예레미야와 같았다. 복음을 전하는 일은 죽음과도 같은 힘든 상황을 감당해야 하는 일이었다. 이는 마치 아모스의 외침을 듣는 것 같다. "사자가 부르짖은즉 누가 두려워하지 아니하겠느냐 주 여호와께서 말씀하신즉 누가 예언하지 아니하겠느냐"(암 3:8)

바울에게는 "부득불 할 일"(ἀνάγκη)이 있었고 그에 대한 부담감이 그를 누르고 있었다. 바울이 반드시 해야 할 일이란 이방인들에게 복음을 전하는 것이다. 바울은 자신이 유대인을 위해서뿐만 아니라 여러 이방을 위한 선지자로 부름받았음을 강조한다. 즉, 선지자적인 부르심과 택하심을 열방을 향한 복음 선포자로 부르심받은 것과 연결한다.

율법에 열심이었던 바리새인 바울은 이제 그리스도 안에서 종이 되었다. 이어지는 구절에서 바울은 이렇게 말한다. "내가 모든 사람에게서 자유로우나 스스로 모든 사람에게 종이 된 것은 더 많은 사람을 얻고자 함이라 유대인들에게 내가 유대인과 같이 된 것은 유대인들을 얻고자 함이요 율법 아래에 있는 자들에게는 내가 율법 아래에 있지 아니하나 율법 아래에 있는 자 같이 된 것은 율법 아래에 있는 자들을 얻고자 함이요 율법 없는 자에게는 내가 하나님께는 율법 없는 자가 아니요 도리어 그리스도의 율법 아래에 있는 자이나 율법 없는 자와 같이 된 것은 율법 없는 자들을 얻고자 함이라"(고전 9:19-21). 율법 아래에 살던 바울은 이제 율법 밖에 있는 자들도 얻으려고(xερδαίνω) 한다. 강조되어야 할 점은 바울의 사역이 하나님의 작정 즉 하나님의 거룩한 경륜을 이루는 일이며, 우리 역시 이 일을 위해서 부르심받았다는 것이다.

죄인 중에 내가 괴수니라

바울은 진심을 담아 자신의 무가치함과 낮음을 표현한다. "미쁘다 모든 사람이 받을 만한 이 말이여 그리스도 예수께서 죄인을 구원하시려고 세상에 임하셨다 하였도다 죄인 중에 내가 괴수($\pi\rho\tilde{\omega}\tau o\varsigma$)니라"(딤전 1:15). 우리말로 "괴수"라고 표현한 단어는 최고의 죄인, 또는 첫 번째 죄인이라는 의미이다. 이와 같은 고백은 바울의 구원 역사의 관점과 연결된다. 바울의 회심은 이방인들에 대한 선교가 시작되었음을 알려 주고, 자신이 최고의 죄인이라는 바울의 고백은 그가 전하는 복음의 소식과 밀접하게 연관되어 죄인을 향하신 하나님의 은혜와 긍휼의 풍성함을 더욱더 극적으로 나타낸다.

죄인을 불러서 은혜의 사역을 감당하게 하신 것은 복음 사역에 있어서 주권자가 하나님이심을 분명히 드러내는 사건이다. 바울은 자신이 전에는 "비방자요 박해자요 폭행자였으나" 이제는 하나님의 긍휼을 입었다고 말한다(딤전 1:13). 앞에서 말한 것처럼 그는 자신을 죄인의 괴수라고 정의한다. 자신과 같은 죄인을 부르신 것은 놀라운 하나님의 은혜이며 긍휼이다. "우리 주의 은혜가 그리스도 예수 안에 있는 믿음과 사랑과 함께 넘치도록 풍성하였도다"(딤전 1:14).

은혜로 자신을 부르셨다는 바울의 이 고백은 디모데전서 1장의 시작 부분과 연결된다. "내가 마게도냐로 갈 때에 너를 권하여 에베소에 머물라 한 것은 어떤 사람들을 명하여 다른 교훈을 가르치지 말며 신화와 끝없는 족보에 몰두하지 말게 하려 함이라 이런 것은 믿음 안에 있는 하나님의 경륜을 이룸보다 도리어 변론을 내는 것이라"(딤전 1:3-4).

어떤 사람들은 다른 교훈을 가르친다. 이 교훈은 10절의 바른 교훈을 거스르는 것이다. 바른 교훈이란 하나님께서 바울에게 맡기신 영광의 복음이다. "이 교훈은 내게 맡기신 바 복되신 하나님의 영광의 복음을 따름이니라"(딤전 1:11).

바울은 디모데전서에서 복음에 대한 거짓 가르침과 올바른 가르침을 대조한다. 자신은 올바른 교훈을 가르치고 있다고 말하면서 그리스도 예수께서 자신을 사도로 부르신 것에 감사한다. "나를 능하게 하신 그리스도 예수 우리 주께 내가 감사함은 나를 충성되이 여겨 내게 직분을 맡기심이니"(딤전 1:12).

바울은 이제 신실한(충성되이[개역개정]) 일꾼이지만, 원래 유대교 바리새파에 속한 사람이었다. 그는 토라에 헌신하고 토라에 기록된 대로 완벽히 지키려고 노력했을 것이다. 그는 자신이 율법의 의로는 흠이 없었다고 말한다(빌 3:6). 그의 토라에 대한 열심은 유대인 그리스도인들에 대한 핍박으로 이어졌다. 그런데 이제 그는 토라가 이끄는 삶이 아니라 성령이 이끄는 삶을 사는 사람으로 완전히 변화되었다. 토라 중심의 삶이 아니라 성령이 이끄는 삶을 가르치는 복음 전도자로 헌신하게 된 것이다.

그는 죄인 중에 괴수였던 자신에게 긍휼을 베푸시고 예수 그리스도를 보이신 하나님의 뜻을 따라 이제는 예수 그리스도를 드러내고 선포하는 자로 살아간다. "그러나 내가 긍휼을 입은 까닭은 예수 그리스도께서 내게 먼저 일체 오래 참으심을 보이사 후에 주를 믿어 영생 얻는 자들에게 본이 되게 하려 하심이라"(딤전 1:16).

적용

우리는 은혜라는 말을 자주 듣는다. "목사님 설교에 은혜 많이 받았어요." 또는 수련회나 찬양 집회 같은 데 참여하고 은혜를 받았다고 말하기도 한다. 그러나 '은혜'는 일시적인 감정의 동요를 말하는 것이 아니다. 물론 말씀과 찬양으로 받게 되는 은혜가 없다는 말은 아니다. 은혜는 우리가 일방적으로 받을 수밖에 없는 선물이다. 은혜는 무조건적이다. 특별히 바울의 언어에서 은혜와 선물은 예수 그리스도의 십자가 사건과 연관된다.

사역의 길을 걷는 우리에게 가장 큰 은혜는 십자가의 은혜이다. 우리가 추악한 죄인이었을 때 우리를 사역의 길로 부르신 그 은혜와 긍휼을 기억해 보자. 혹시 우리 마음이 너무 무뎌져서, 십자가의 은혜를 생각만 해도 눈물을 흘리던 예전의 그 감동이 이제는 사라져 버렸는지도 모르겠다. 바울은 자신이 정말 아무것도 아닌 사람이라고, 죄인들 중에서도 괴수, 즉 죄인들의 두목이며 최고로 악한 자라고 말하면서 자신이 복음 사역으로 부르심을 받은 것은 정말 놀라운 하나님의 은혜라고 설명한다. 그 은혜가 우리가 해야 하는 무거운 사역을 감당하게 하는 동력이 된다. 그 은혜 때문에 우리는 오늘 하루도 사역 현장에서 버틸 수 있다.

그 은혜를 설명하는 언어로 바울은 "택함을 입었다"라고 말한다. 바울이 어머니 배 속에 생기기도 전에 하나님은 그를 선택하셨다. 하나님께서 자신을 복음 전도자로 정하신 이 일은 마치 구약에서 선지자들을 정하신 일과 같다고 바울은 여긴다. 그렇다고 해서 바울이 하나님의 예정을 기계적인 일로 생각하는 것은 아니다. 하나님의 예정은 오히려 자신이 온전히 더 힘을 내어 헌신하게 되는 근거로 작용한다. 바울은 하나님께서 예정하셨고 그분이 모든 일을 그분의 뜻대로 행하실 것이기에 우리는 아무것도 하지 않아도 된다고 설명하지 않는다. 바울은 오히려 하나님의 예정에 따라서 최선을 다해 이방인 사역을 감당하기 위해 달려간다. 우리가 최선을 다할 수 있는 이유는 하나님의 긍휼과 택하심 때문이다. 하나님의 놀라운 은혜 때문에 우리는 하나님께서 정해 주신 아름다운 일을 위해서 힘을 낼 수 있다.

하나님은 우리가 부르심대로 행할 때 당하는 어려움을 견딜 수 있는 힘을 주시고, 이는 하나님의 은혜를 경험한 자가 감사할 수 있는 또 한 가지 이유가 된다. 우리는 하나님의 은혜에 감사할 때 이 길을 걸어갈 수 있다. 사역 현장에서 슬럼프에 빠질 때 가장 먼저 우리는 자신이 어떤 자였는지, 우리에게 베푸신 하나님의 은혜가 얼마나 놀라운지를 기억해야 한다. 지금 목회 현장의 상황은 매우 어렵지만 우리는 하나님 은혜의 풍성함을 더욱 누리면서 이 부르심의 길을 걸어가야 한다.

1. 바울은 자신을 "만삭되지 못하여 난 자"라고 표현한다. 바울이 인정한 그의 부족함이 그의 사역의 길과 어떻게 연결되는가? 그의 부족함은 오히려 하나님의 무엇이 더 드러나게 하는가? 우리같이 부족한 자를 사역자로 부르신 하나님의 뜻은 무엇일까?

2. 하나님이 택하시고 하나님께 거룩하다는 것은 특별하다는 의미가 있다. 바울은 하나님의 택하심을 받은 자신을 구약의 누구와 연결 짓고 있는가? 나는 하나님의 예정을 결정론적인 운명으로 이해하지는 않는가?

하나님이 나를 예정하셨다는 사실은 나의 사역에 어떤 영향을 주는가?

3. "죄인 중에 괴수"라는 바울의 고백은 예수 그리스도의 은혜를 더욱 잘 드러낸다. 그 놀라운 은혜를 입은 사람은 어떻게 사역해야 하겠는가? 우리에게 은혜를 베푸신 하나님을 열심히 전하고 있는가? 혹시 그 열정이 이미 사라진지 오래인가?

4. 우리의 무가치함을 생각할 때 하나님께 감사의 고백을 드리지 않을 수 없다. 감사의 고백이 없다는 것은 하나님의 은혜보다 나 자신의 능력을 더 대단하게 여기는 태도일 수 있다. 매일의 삶에 하나님께 드리는 감사가 넘치고 있는가?

5. 사역의 핵심

십자가 복음

♦♦♦

교회 강단에서 복음 설교가 줄어들고 있다. 고난 주간이나 전도 주일이나 되어야 들을 수 있을 정도다. 목회자가 가르쳐야 할 핵심인 복음이 빠져 버리고 처세술과 자기계발 이론이 버젓이 설교의 중심에 자리 잡고 있다. 바울이 전하고자 한 가장 중요한 메시지는 복음이었다. 이 복음은 예수 그리스도의 십자가 죽음과 부활의 소식이다. 복음은 부활하신 그분이 온 세상의 주님이라는 고백을 담고 있어야 한다. 바울의 가르침과 오늘 우리의 가르침은 어떤 차이가 있는지 살펴보자.

오직 예수 그리스도의 계시로

바울이 전하고자 한 복음은 인간이 창작해 낸 것이 아니라 하나님께서 시작하신 일이다. 바울은 예루살렘부터 일루리곤까지 자신이 전한 복음이 "말과 행위로 표적과 기사의 능력으로 성령의 능력으로 이루어"졌다고 말한다(롬 15:18-19). 구약에서 표적과 기사는 선지자들의 위치와 역할이 무엇인지를 나타내고 구원 사역에 하나님이 직접적으로 개입하심을 표현하는 단어다.[1] "성령의 능력"은 바울이 설교뿐만 아니라 그의 행위와 표적, 기사와 능력으로도 복음을 전했음을 의미한다.[2] 성령의 일하심으로 새로운 언약의 시대가 시작되었음을 알 수 있다. 바울이 복음을 위해 수고하고 있지만 새로운 시대의 복음을 증명하는 일은 성령께서 하시는 일이다.

바울이 전하는 복음은 전파의 방식뿐만 아니라 그 내용에서도 하나님이 중심이다. 바울은 그리스도의 복음을 강조하면서 이렇게 말한다. "형제들아 내가 너희에게 알게 하노니 내가 전한 복음은 사람의 뜻을 따라 된 것이 아니니라"(갈 1:11). 바울이 복음을 전하지만 그의 복음은 본질적으로 인간의 것이 아니다.[3] 복음은 배움이라는 수단(οὔτε ἐδιδάχθην)을 통해 얻은 것이 아니다(갈 1:12). 바울은 자신의 개인적인 복음을 전하지 않는다.[4]

---

[1] Robert Jewett, *Romans*, Hermeneia (Minneapolis: Fortress Press, 2007), 910.
[2] Thomas R. Schreiner, *Romans*, 2nd ed. BECNT (Grand Rapids: Baker Academic, 2018), 742.
[3] Hans D. Betz, *Galatians*, Hermeneia (Minneapolis: Fortress Press, 1979), 56.
[4] Douglas J. Moo, *Galatians*, BECNT (Grand Rapids: Baker Academic, 2003), 93.

바울이 이방인 선교를 위해 선포하는 복음의 핵심 진리는 하나님의 계시에서 시작된다. "형제들아 내가 너희에게 알게 하노니 내가 전한 복음은 사람의 뜻을 따라 된 것이 아니니라 이는 내가 사람에게서 받은 것도 아니요 배운 것도 아니요 오직 예수 그리스도의 계시로 말미암은 것이라"(갈 1:11-12). 즉, 예수 그리스도의 복음은 사람이 전해 준 것이 아니다. 그 복음은 하나님이 보여 주신 계시다. "계시"(ἀποκάλυψις)는 하나님께서 그리스도를 보내신 사건을 드러내시는 것이며 이를 성령께서 조명하신다(갈 3:23; 4:4, 6). 바울은 갈라디아서 1:12에서 자신의 복음이 예수 그리스도의 계시로 말미암았다고 선언한다. 계시는 예수 그리스도의 직접 나타나심과 연관되어 있다(참조. 고전 15장).[5]

바울은 아마도 '복음'을 예루살렘의 사도들을 통해 전해 들었고 그의 것이 아니라는 비판을 들었을 것이다. 이 때문에 바울은 자신의 메시지가 예수님께 직접 들은 메시지임을 역설한다. 바울의 메시지는 자신이 만들어 낸 이론이나 가르침이 아니며 예수님 그분께서 알려 주신 기쁜 소식이다. 복음은 예수님이 죽은 자 가운데서 부활하셔서 이스라엘의 메시아, 그리고 온 세상의 주가 되셨다는 소식이다. 바울은 이 모든 것을 다메섹으로 가는 길에서 예수 그리스도께

---

5   Betz, *Galatians*, 62.

직접 받았다.

바울은 하나님의 복음의 비밀이 자신에게 계시되었고 자신은 그 복음을 전하도록 부르심받은 종이라고 설명한다. 데살로니가전서와 데살로니가후서에서 바울은 복음을 설명하면서 하나님 중심성을 강조한다.[6] 데살로니가전서 2:2, 8, 9에서는 자신이 전하는 복음을 "하나님의 복음"이라고 부른다. 하나님께서 바울에게 복음을 맡기셨다(살전 2:4). 바울은 데살로니가 교인들에게 복음을 사람의 말로 듣지 말고 하나님의 말씀으로 받으라고 권면한다. "너희가 우리에게 들은 바 하나님의 말씀을 받을 때에 사람의 말로 받지 아니하고 하나님의 말씀으로 받음이니 진실로 그러하도다"(살전 2:13).

복음이 예수 그리스도의 계시로 말미암았다고 바울이 강조한 이유는 복음은 그리스도만을 드러내야 하고 복음에는 다른 어떤 것도 더해지지 않아야 하기 때문이다. 바울은 갈라디아서에서 다른 복음을 가르치는 자들에 대해서 강한 어조로 경고한다. "내가 지금 다시 말하노니 만일 누구든지 너희가 받은 것 외에 다른 복음을 전하면 저주를 받을지어다"(갈 1:9). 다른 복음은 저주를 초래하고 예수 그리스도의 순수한 복음 외에 우리를 의롭게 할 수 있는 것은 없다고 바울은 선언한다.

---

6 Matera, *God's Saving Grace*, 219.

예수 그리스도의 십자가 복음을 전하는 일은 성령으로 행해야 하는 것인데, 여기에 무엇인가 율법적인 요소를 포함시킨다면 그것은 육체로 행하는 것이라고 바울은 이야기한다. 여기서 육체의 일이란 아마도 할례를 의미하는 것으로 보인다. 할례라는 방식으로 믿음을 표현하는 일은 매력이 있지만 바울은 이 방식이 성령으로 이루어진 일이 아니라 육체로 이루어진 일이라고 표현한다. 육체는 옛 아담의 방식을 드러내고 복음으로 시작되는 새로운 시대와 반대된다.[7]

계시는 복음이 가져오는 믿음과 관련해서 새로운 구속의 시대를 강조한다.[8] "믿음이 오기 전에 우리는 율법 아래에 매인 바 되고 계시될 믿음의 때까지 갇혔느니라"(갈 3:23). 이 구절에서 바울은 믿음이 계시한 내용이 복음이며 이제 새로운 구원 역사의 장이 열렸다고 정의한다. 이것은 구속 역사에서 근본적인 변화가 일어났다는 선언이다.[9]

"나의 복음과 예수 그리스도를 전파함은 영세 전부터 감추어졌다가 이제는 나타내신 바 되었으며 영원하신 하나님의 명을 따라 선지자들의 글로 말미암아 모든 민족이 믿어 순종하게 하시려고 알게 하신 바 그 신비의 계시를 따라 된 것이니…"(롬 16:25-26). 복음은 영

---

7 Thomas R. Schreiner, *Galatians*, ZECNT (Grand Rapids: Zondervan, 2010), 184.
8 Schreiner, *Galatians*, 248.
9 Martyn, *Galatians*, 362.

원하신 하나님의 명령을 따른 것이며 이제 새로운 구원 역사의 시대에 하나님께서 그분 자신을 나타내신 것이다. 바울은 이것이 비밀의 계시를 따라(κατὰ ἀποκάλυψιν μυστηρίου) 되었다고 말한다. '영원함'은 하나님께서 과거와 현재와 미래의 모든 세대에 존재하시는 역사의 주인이시라는 점을 강조한다.[10] "하나님의 명령"이라는 구절은 바울이 사도로 부르심받은 일을 설명하는 디모데전서 1:1와 디도서 1:3의 언어와 비슷하다. 하나님은 성경의 예언을 성취하시는 그 시간과 방식을 결정하셨다. 다른 말로 하면, 이 구절은 계시가 인간에 의한 것이 아니라 하나님의 명령이며 바울은 모든 민족이 복음을 믿는 일에 순종하도록 힘써 사역하고 있음을 보여 준다. 결국 복음은 하나님의 명령에 의한 것이며 성령을 통해서 계시된다.

성령을 통한 계시의 결과: 아빠 아버지

성령을 통해서 드러나는 계시는 예수 그리스도의 십자가이며, 예수 그리스도의 십자가 복음이 마음에 계시될 때, 그리스도인은 그 결과로 하나님을 "아빠 아버지"로 부르게 된다. 아람어 "아빠"(αββα)는 아버지를 친근하게 부르는 말로, 이제는 그리스도인과 하나님의

---

10 Schreiner, *Romans*, 786-87.

친밀성을 나타낸다.[11] 갈라디아서에서 바울은 유대주의자들이 자랑하는 전통을 이야기하면서 율법이 우리를 예수 그리스도께로 이끌어 간다고 말한다. "이같이 율법이 우리를 그리스도께로 인도하는 초등교사가 되어 우리로 하여금 믿음으로 말미암아 의롭다 함을 얻게 하려 함이라"(갈 3:24).

즉 초등교사인 율법이 가리키는 방향도 예수 그리스도이시다. 복음을 듣고 믿은 결과는 하나님의 아들 됨이다. 즉, 성령을 통해 계시되는 복음을 믿는 사람은 율법의 종에서 벗어나 하나님의 자녀들이 된다. 율법은 복음이 성령을 통해서 가져오는 아들 됨을 이루어 낼 수 없다. "너희가 다 믿음으로 말미암아 그리스도 예수 안에서 하나님의 아들이 되었으니"(갈 3:26).

하나님의 아들 됨은 첫째, 율법 아래에 종 되었던 자들이 속량된 결과이며, 둘째, 성령이 우리 마음 가운데에서 하나님을 아버지라고 부르게 하신 것이고, 셋째, 아들로서 우리는 하나님의 유업을 받을 상속자가 되었다는 것이다. "율법 아래에 있는 자들을 속량하시고 우리로 아들의 명분을 얻게 하려 하심이라 너희가 아들이므로 하나님이 그 아들의 영을 우리 마음 가운데 보내사 아빠 아버지라 부르게 하셨느니라 그러므로 네가 이후로는 종이 아니요 아들이니 아들

---

11 Schreiner, *Romans*, 419.

이면 하나님으로 말미암아 유업을 받을 자니라"(갈 4:5-7).

다시 말해, 성령이 증거하는(συμμαρτυρέω) 복음의 결과는 우리가 하나님의 자녀 됨이다(롬 8:15-16; 갈 4:6). 하나님을 아빠 아버지라 부르는 사람은 성령이 그 마음 가운데 계신 것이다(갈 4:6). 아들의 영은 갈라디아 교회 공동체에 임재하여 갈라디아 교인들이 하나님의 자녀라는 점을 가르친다. "아빠 아버지"라는 표현은 로마서 8:15-16에도 등장하는데 그리스도인은 계시하시는 성령의 증언를 통해서 이 고백을 드릴 수 있다.

"너희는 다시 무서워하는 종의 영을 받지 아니하고 양자의 영을 받았으므로 우리가 아빠 아버지라고 부르짖느니라 성령이 친히 우리의 영과 더불어 우리가 하나님의 자녀인 것을 증언하시나니 자녀이면 또한 상속자 곧 하나님의 상속자요 그리스도와 함께 한 상속자니 우리가 그와 함께 영광을 받기 위하여 고난도 함께 받아야 할 것이니라"(롬 8:15-17)

갈라디아서와 마찬가지로 로마서에서도 성령이 우리 가운데서 일하셔서 율법이 원하는 바를 이루신다고 설명한다(롬 8:4). 하나님의 자녀가 되는 것은 성령이 십자가의 복음을 우리에게 계시하시는 것과 연결된다. 성령을 통해서 복음의 계시를 깨달은 자만이 하나님의 자녀가 될 수 있다.

못 박히신 것 외에는

"형제들아 내가 너희에게 나아가 하나님의 증거를 전할 때에 말과 지혜의 아름다운 것으로 아니하였나니 내가 너희 중에서 예수 그리스도와 그가 십자가에 못 박히신 것 외에는 아무것도 알지 아니하기로 작정하였음이라 내가 너희 가운데 거할 때에 약하고 두려워하고 심히 떨었노라 내 말과 내 전도함이 설득력 있는 지혜의 말로 하지 아니하고 다만 성령의 나타나심과 능력으로 하여 너희 믿음이 사람의 지혜에 있지 아니하고 다만 하나님의 능력에 있게 하려 하였노라"(고전 2:1-5)

고린도 교회 성도들에게 바울은 "예수 그리스도와 그가 십자가에 못 박히신 것"만을 강조한다. 예수 그리스도와 십자가 복음만을 고린도 교회에 가르칠 것이라는 바울의 다짐을 볼 수 있다. 한글 성경이 "증거"라고 번역한 단어는 앞에서 생각해 본 "비밀"이라는 단어로 바꿀 수 있다. "비밀"의 내용은 2:2에서 말한, 십자가에 못 박히신 예수 그리스도이시다. 이 비밀은 인간의 이성으로는 이해할 수 없다. 십자가의 복음은 하나님의 계시로서, 고린도 교회가 내세우던 자랑을 아무것도 아닌 것으로 만든다. 수많은 지식과 은사를 자랑한 고린도 교회의 교만은 십자가 복음 앞에서 무너진다. 자기 자랑으로 물들어 있는 교회를 십자가 복음으로 바로 세우는 일이 사도의 중요한 역할이다.

유대인의 관점에서 자칭 메시아라는 예수가 십자가에 못 박힌 사건은 정말 이해하기 힘든 일이었다. 십자가는 "유대인에게는 거리끼는 것(σκάνδαλον)"(고전 1:23)이다. 구약에 의하면, 나무에 달린 자는 하나님께 저주를 받은 자이기 때문이다(신 21:23). 그리스도는 영광과 존귀의 자리에 서신 것이 아니라 저주의 자리에 매달리셨다.

이방인들은 십자가에 못 박힌 그리스도를 "미련한 것"이라 여겼다(고전 1:23). 예수의 비참함과 낮아지심에서 영광스러운 구원자의 모습을 찾기는 힘들었다. 그런데도 바울은 바로 그 그리스도의 십자가를 선포하는 것이 복음이라고 말한다. 예수님께서는 하나님과 동등됨을 취하지 않고 모욕과 굴욕의 십자가를 견뎌 내셨다.

"그는 근본 하나님의 본체시나 하나님과 동등됨을 취할 것으로 여기지 아니하시고 오히려 자기를 비워 종의 형체를 가지사 사람들과 같이 되셨고 사람의 모양으로 나타나사 자기를 낮추시고 죽기까지 복종하셨으니 곧 십자가에 죽으심이라"(빌 2:6-8)

예수님은 하나님의 언약을 완성하시고 죄인을 구속하시기 위해서 치욕스러운 십자가를 지셨다. 즉 하나님의 영광에서 떠난 모든 죄인(롬 3:23)을 위해 그들의 죄를 대신 짊어지시고 하나님의 의를 우리 가운데 이루셨다(고후 5:21).

이 십자가의 복음을 전하는 바울에게 사도의 자격이 부여된다. 사도가 가야 할 길은 영광의 길이 아니다. 사도는 그리스도의 십자가 복음을 선포하면서, 사람들이 그 복음을 외면하더라도 꿋꿋이 그 길을 끝까지 걸어가야 한다. 그 길은 부끄러움의 길일 수 있다. 수많은 사람들이 비난과 멸시의 눈빛을 보낼 수도 있다. 그래도 우리가 전해야 할 내용은 십자가 복음뿐이다.

바울은 십자가에 못 박혀 죽으시고 부활하신 예수 그리스도에게 헌신했다. 교회에 선포할 내용은 십자가의 그리스도 그분뿐이다. 바울은 세상과 타협하지 않고 이 복음의 내용을 전한다. 바울의 어조는 단호하다. "예수 그리스도와 그가 십자가에 못 박히신 것 외에는 아무것도 알지 아니하기로 작성하였음이라"(고전 2:2).

이어지는 구절에서 바울은 자신에게 계시된 복음을 전하는 데 있어서 "설득력 있는 지혜의 말"로 하지 않는다고 강조한다. 그는 "성령의 나타나심과 능력"($ἀποδείξει\ πνεύματος\ καὶ\ δυνάμεως$)으로 복음을 전한다. "성령의 나타나심"과 "능력"은 서로 다른 것을 의미하는 것이 아니라 같은 것을 의미한다. 성령의 능력은 바울이 설교자로서 능하지 못한 부분을 돕는다.[12]

---

12 Garland, *1 Corinthians*, 87

고린도전서 2:10-12은 하나님의 지혜가 성령을 통해서 계시됨을 보여 준다. 인간의 영으로는 하나님의 지혜를 이해할 수 없다. "오직 하나님이 성령으로 이것을 우리에게 보이셨으니 성령은 모든 것 곧 하나님의 깊은 것까지도 통달하시느니라"(고전 2:10). 성령이 하나님의 깊은 것을 통달하신다(ἐραυνάω)는 것은 성령께서 하나님의 뜻을 주의 깊게 살펴서 이해하고 있다는 의미이다.[13] 하나님의 지혜는 이 시대에 십자가를 통해서 드러났다(롬 16:25-27; 골 1:26), 십자가는 사람들에게 매우 어리석어 보이는 것이지만 고린도전서의 언어에 의하면 이는 하나님의 지혜이며 하나님을 신뢰하고 믿는 사람들만이 이해할 수 있는 것이다.[14] 오직 성령만이 우리에게 이 비밀을 밝히 알려 주실 수 있다.

성령의 은사가 풍부하고 하나님의 비밀을 알고 있다고 자부하는 고린도 교회는 그것을 자랑하지 말고 하나님의 일하심과 능력을 믿어야 한다. "너희 믿음이 사람의 지혜에 있지 아니하고 다만 하나님의 능력에 있게 하려 하였노라"(고전 2:5)라고 바울은 하나님의 능력을 강조한다. 성령이 나타나시고 능력을 행하시는 것은 사람들을 매혹시키기 위해서가 아니라 예수 그리스도와 그분의 십자가 사건을 교회에 증언하시기 위함이다.

---

13 BDAG, 389.
14 "하나님이 자기를 사랑하는 자들을 위하여"(고전 2:9).

십자가의 복음, 곧 나의 복음

십자가에 달려 형벌을 받는 자가 어떻게 구약의 약속을 성취하는 그리스도가 될 수 있는가? 신명기 21:23에서 나무에 달린 자는 하나님께 저주를 받은 자로 제시된다. "그 시체를 나무 위에 밤새도록 두지 말고 그날에 장사하여 네 하나님 여호와께서 네게 기업으로 주시는 땅을 더럽히지 말라 나무에 달린 자는 하나님께 저주를 받았음이니라"(신 21:23). 그런데 바울은 십자가에 달리신 예수님이 그리스도이심을 변호하면서 자신이 전하는 복음은 하나님의 아들 예수님에 대한 복음이며 성경에 미리 약속하신 것이라고 선언한다. "이 복음은 하나님이 선지자들을 통하여 그의 아들에 관하여 성경에 미리 약속하신 것이라"(롬 1:2).

그런데 바울은 그의 편지에서 "나의 복음"이라고 표현한다. "곧 나의 복음에 이른 바와 같이 하나님이 예수 그리스도로 말미암아 사람들의 은밀한 것을 심판하시는 그날이라"(롬 2:16). 바울의 복음은 종말론적인 심판의 내용을 포함한다. 예수 그리스도는 심판의 실행자이며 사람들의 은밀한 것을 심판하실 것이다. 그분은 경계를 두지 않고 이방인뿐만 아니라 유대인까지 그들이 은밀하게 행한 모든 일을 마지막 날에 판단하실 것이다. 바울의 논리를 따라가면, '마음의 은밀한 것'은 '마음의 할례'와 연결된다. "무릇 표면적 유대인이 유대인이 아니요 표면적 육신의 할례가 할례가 아니니라 오직 이면적 유대인이 유대인이며 할례는 마음에 할지니 영에 있고 율법 조문에 있지 아니한 것이라 그 칭찬이 사람에게서가 아니요 다만 하나님에게서니라"(롬 2:28-29).

할례를 행하고 겉으로는 하나님의 말씀을 지키는 것처럼 보이는 사람들에 대해서도 하나님은 그들이 은밀히 행한 것을 보시고 심판을 실행하실 것이다. 하나님께서는 사람을 외모로 보시지 않는 분이라고 바울이 선언한 이유도 이 때문이다(롬 2:11). 사람을 외모로 판단하지 않으신다는 하나님의 공의와 정의에 대한 구약의 선언이 바울의 언어에서 하나님의 구원 사역에는 이방인들도 모두 포함된다는 선언으로 바뀌었다. 그것이 바울 복음의 핵심이다.

바울은 로마서를 마무리하면서 이렇게 말한다. "나의 복음과 예수 그리스도를 전파함은 영세 전부터 감추어졌다가(σιγάω) 이제는 나타내신 바(φανερόω) 되었으며 영원하신 하나님의 명을 따라 선지자들의 글로 말미암아 모든 민족이 믿어 순종하게 하시려고 알게 하신 바 그 신비의 계시를 따라 된 것이니 이 복음으로 너희를 능히 견고하게 하실 지혜로우신 하나님께 예수 그리스도로 말미암아 영광이 세세무궁하도록 있을지어다 아멘"(롬 16:25-27).

바울이 전하는 복음은 오랜 시간 동안 감추어져 있었다(σιγάω). 이 복음은 비밀로 유지되고 있다가[15] 이제 알려지고 있다(φανερόω). 이 복음의 목적은 모든 민족이 믿고 순종하게 하려는 것이다. 이 복음은 이방인들을 견고하게 하는 기쁜 소식이다(참조. 롬 1:12). 예수 그리스도를 전파하는 바울의 복음은 선지자들이 예언한 내용이다. 예수님은 '그리스도'이시며 약속된 메시아이다. 예수님은 또한 다윗의 '씨'이다(σπέρμα, 혈통[개역개정], 롬 1:3). "이 약속들은 아브라함과 그 자손에게 말씀하신 것인데 여럿을 가리켜 그 자손들이라 하지 아니하시고 오직 한 사람을 가리켜 네 자손(σπέρμα, 씨)이라 하셨으니 곧 그리스도라"(갈 3:16).

메시아의 오심은 바울의 사역에서 매우 중요하다. 메시아가 오셔서 모든 이방인들에게 구원을 주실 것이라고 구약이 예언하고 있음을 바울은 잘 알고 있기 때문이나(시 22:22-31; 72:1-20; 사 11:1-10; 49:6; 55:3-5).[16] 메시아의 오심은 아브라함 언약의 성취이다. 모든 민족은 예수 그리스도를 통해서 아브라함의 복을 누리기 시작한다.

"또 하나님이 이방을 믿음으로 말미암아 의로 정하실 것을 성경이 미리 알고 먼저 아브라함에게 복음을 전하되 모든 이방인이 너로 말미암아 복을 받으리라 하였느니라 그러므로 믿음으로 말미암은 자는 믿음이 있

---

15 BDAG, 922.
16 Schreiner, *Paul, Apostle of God's Glory in Christ*, 73.

는 아브라함과 함께 복을 받느니라"(갈 3:8-9).

예수 그리스도는 십자가에서 하나님의 저주를 짊어지셨다. 바울은 예수 그리스도가 세우신 새 언약의 일꾼이다(고후 3:6). 그는 성령의 일꾼이며(3:8), 의의 일꾼이다(3:9). 새 언약의 일꾼은 생명을 살리는 성령을 통해서 힘을 얻는다.17 생명을 살리는 일꾼인 바울이 전하는 복음은 "모든 믿는 자에게 구원을 주시는 하나님의 능력"이 되는데, "먼저는 유대인에게요 그리고 헬라인에게" 그렇다(롬 1:16). 구원의 소식이 담긴 복음을 듣고 예수 그리스도를 믿는 사람은 누구든 의롭게 된다. 즉, 복음을 듣고 믿는 사람은 의에 이르며 예수 그리스도를 믿는 사람은 종말론적인 심판에서 유죄 선언을 받지 않는다. 로마서 10:11에서 바울은 이사야 28:16을 인용하여 "믿는 자는 부끄러움을 당하지 아니하리라"라고 선언한다.

주 예수 그리스도는 유대인과 헬라인 모두의 주님이시며 그 구원의 역사에서 의롭게, 그리고 사랑으로 행하신다. 예수 그리스도는 유대인과 헬라인, 그리고 우리 모두를 구원하시기 위해 십자가의 저주를 짊어지셨다. 바울은 이 십자가의 복음만 전하려 한다.

---

17 Matera, *God's Saving Grace*, 23.

아름답도다

십자가의 예수 그리스도를 믿는 믿음은 이 구원의 소식을 들을 때 일어난다. "그런즉 그들이 믿지 아니하는 이를 어찌 부르리요 듣지도 못한 이를 어찌 믿으리요 전파하는 자가 없이 어찌 들으리요 보내심을 받지 아니하였으면 어찌 전파하리요 기록된바 아름답도다 좋은 소식을 전하는 자들의 발이여 함과 같으니라"(롬 10:14-15).

복음을 전하는 자의 사명과 책임이 15절에서 드러난다. 예수 그리스도를 전파하는 사람은 보내심을 받은 것이고, 그는 구약의 약속을 이루는 사람이다. 기쁜 소식을 전하는 그들의 발이 아름답다고 성경은 말씀한다. 이 구절은 이사야 52:7을 인용한 것이다. 복음 전하는 자들의 '발'을 언급한 것은 기쁜 소식을 전하기 위해서 실제로 구체적으로 행하고 있음을 강조한다. 이사야의 언어는 지금 사도들의 복음 선포에 의해서 성취되고 있다.

"그러므로 믿음은 들음에서 나며 들음은 그리스도의 말씀으로 말미암았느니라"(롬 10:17). 복음을 전하는 자는 아름답다. 십자가의 복음을 아무도 전하지 않는다면 누가 예수 그리스도를 알고 믿을 수 있겠는가? 누가 예수 그리스도를 주님으로 고백할 수 있겠는가? 바울과 같은 심정으로 복음을 전하는 그리스도인들이 소수라도 여전히 존재한다면 교회의 미래를 걱정하지 않아도 될 것이다. 예수님을 주님으로 고백하는 것에 그치지 말고, 예수님을 누구에게든 전하려는 열심이 우리 마음에 일어나야 하지 않을까? 바울의 권면에 귀를 기울여 보자. "하나님 앞과 살아 있는 자와 죽은 자를 심판하실 그리스도 예수 앞에서 그가 나타나실 것과 그의 나라를 두고 엄히 명하노니 너는 말씀을 전파하라 때를 얻든지 못 얻든지 항상 힘쓰라…"(딤후 4:1-2).

적용

우리는 복음을 전하기가 매우 어려운 시대에 살고 있다. 복음을 전하는 일은 단순히 사람들에게 교회 전도지를 나눠 주고 그 사람들이 교회에 등록하고 그 결과로 교회가 양적으로 성장하는 일만을 의미하지 않는다. 우리가 전하는 복음은 십자가 복음이다. 혹시 우리는 풍요의 복음, 번영의 복음을 전하면서 십자가의 복음이 무엇인지 제대로 전하지 못하고 있는 것은 아닌가?

캠퍼스 선교 단체의 간사로 사역할 때, 필자는 복음을 전하는 일에 대한 책임감을 많이 느꼈다. 복음을 전하고 싶은 마음이 가득했다. 그런데 복음을 전할 때마다 사람들이 필자를 바라보는 눈빛은 그다지 좋지 않았다. 경멸의 눈초리를 보내는 사람들도 있었다. 그런 눈빛을 받다 보면 복음을 전하는 일에 위축되기도 한다. 사람들에게 복음 전하는 일을 주저하게 되기도 한다. 십자가 복음을 전하는 대신에 여러 가지 교양 강좌나 이벤트를 통해서 교회를 알리려고 한다. 교회가 이런 행사를 하는 것은 충분히 이해할 수 있다. 그러나 복음을 그대로 선포하는 대신에 세속적인 방식으로 사람들의 마음을 끌고자 하는 마음을 버리고, 십자가 복음만 전한 후에는 그 복음을 듣는 사람들의 마음에 하나님께서 그분의 뜻을 드러내시도록 맡겨 드려야 하지 않을까? 다른 복음은 저주를 받을 것이라는 바울의 말에 귀를 기울여야 한다. 혹시 우리가 변질된 복음을 전하고 있지는 않는가?

이 주제와 관련된 책으로 김선일의 『전도의 유산』을 추천한다. 우리는 어떤 전도 메시지를, 어떤 의도와 방식으로 전하고 있는지 점검해 보자.

1. 바울은 하나님의 계시인 복음을 전한다. 바울이 전하는 복음은 본질적으로 인간적인 것이 아니다. 우리가 전하는 복음의 중심 내용은 무엇인가? 하나님이 계시해 주신 복음 외에 다른 내용을 추가하지는 않는가?

2. 십자가 복음의 결과는 성령의 역사로 하나님을 아버지로 부르는 "하나님의 아들들"이 등장하는 것이다. 복음을 받아들인 사람들은 하나님

의 자녀가 될 뿐만 아니라 하나님의 상속자가 된다. 우리가 복음을 전파한 결과로 예수님을 주님으로 부르고 하나님을 아버지로 부르는 영혼이 탄생하고 있는가를 물어보아야 한다. 우리가 복음을 전할 때 어떤 열매가 있는가?

3. 십자가 복음이 바울이 전하는 복음의 핵심이다. 예수님은 우리를 대신해서 십자가를 지셨고 하나님의 저주를 받으셨다. 우리가 받아야 할 모든 심판을 예수님이 받으셨고 하나님은 우리를 의롭다고 선언해 주신다. 바울은 이 소식을 전하고자 한다. 우리는 세상에 어떤 소식을 전하고 싶어 하는가?

4. 복음은 기쁜 소식이다. 복음을 전하는 자의 발은 아름답다. 이 소식은 누군가가 전해야 누군가가 듣게 되고, 복음의 소식을 들어야 복음을 믿게 되고, 복음을 믿어야 의롭다 함을 얻는다. 우리는 복음을 전하는 것이 하나님의 명령이라는 사실을 기억하고 있는가? 혹시 명령받은 일이 아니라 우리가 선택할 수 있는 일이라고 생각하는가?

6. 사역의 방식

교회를 세움

이 땅에 많은 교회들이 있지만 영적 전쟁에서 악한 영과 맞서 싸울 수 있는 굳건하고 건강한 교회는 그리 많아 보이지 않는다. 코로나 상황으로 교회는 더욱더 힘든 상황을 맞이하게 되었고, 교회의 허약한 체질이 그대로 드러나고 있다. 바울은 복음을 전할 뿐만 아니라 각 지역에 교회를 설립했다. 사람들에게 복음을 전해서 교회 공동체를 세울 뿐 아니라 교회를 더 강하게 만드는 일에도 헌신했다.

남의 터 위에 건축하지 아니하려 함이라

바울은 아직 복음이 들어가지 않은 지역을 찾아가서 복음을 전하고 교회를 세우고자 했다. 바울은 땅끝까지 복음을 전하고 교회를 세우는 일이 자신의 사명이라고 이해했다. 로마서에서 바울은 스페인으로 가려는 뜻을 밝히고 있다. 스페인은 바울이 교회를 세울 새로운 목적지이다. 바울은 이 일을 위해 로마 교회가 지원해 주기를 바라고 있다(롬 15:24). 그는 사람들이 아직 예수 그리스도를 모르는 곳에 가기를 희망한다. 바울은 자신의 선교 사역이 예수 그리스도의 오심을 위한 준비라는 것을 이해하고 있기 때문이다(마 24:14; 막 13:10).

바울의 사역은 독특한 방향으로 전개된다. "이제는 이 지방에 일할 곳이 없고 또 여러 해 전부터 언제든지 서바나[스페인]로 갈 때에 너희에게 가기를 바라고 있었으니"(롬 15:23). "이 지방에 일할 곳이 없고"라는 말의 의미는 무엇인가? 로마서 15:19-20에 그 의미를 알 수 있는 단서가 있다. "내가 예루살렘으로부터 두루 행하여 일루리곤까지 그리스도의 복음을 편만하게 전하였노라 또 내가 그리스도의 이름을 부르는 곳에는 복음을 전하지 않기를 힘썼노니 이는 남의 터 위에 건축하지 아니하려 함이라"(롬 15:19-20). 바울이 예루살렘에서 일루리곤까지 복음을 편만하게 전했다고 강조하는 것은 매우 놀랍다. 바울은 이 넓은 지역에서 복음을 전한 일이 성취되고 있다고 말한다.

바울은 이 일이 "표적과 기사의 능력으로 성령의 능력으로" 되었다고 말한다(롬 15:19). "표적과 능력"($\sigma\eta\mu\varepsilon\tilde{\iota}\alpha$ $\kappa\alpha\grave{\iota}$ $\tau\acute{\varepsilon}\rho\alpha\tau\alpha$)은 하나님께서 행하시는 특별한 일로 이해된다. 이 언어는 70인역(LXX)에서 출애

굽 사건 때 하나님께서 행하신 일을 묘사할 때도 사용되었다(신 6:22; 34:10-11; 시 135:8-9; 렘 39:20-21).[1] 바울은 이 언어를 자신의 사역에 사용한다. 자신의 사역은 새로운 출애굽 사건이며 출애굽 때 이스라엘과 함께하셨던 하나님이 지금 자신의 사역에 함께하신다고 말한다. 즉, 표적과 기사, 성령의 능력은 바울의 전도 사역이 하나님의 일하심이라는 점을 확증한다.[2] 사도로서 바울은 그저 하나님의 도구로서, 하나님 중심의 복음을 전하고 교회를 신실하게 돌보는 사역을 행하고 있다.[3] 그 결과로 복음이 편만하게 전파된 것이다.

그리스도의 이름을 부르는 곳에는

그런데 바울은 교회를 세우는 일에 있어서 "내가 그리스도의 이름을 부르는 곳에는 복음을 전하지 않기를 힘썼노니"(롬 15:20)라고 주장한다. 이는 이사야 52:15를 반영한다.[4] 이사야의 종의 노래에 기록된 것처럼, 전파되지 않은 것을 이방인들이 보게 되고 아직 듣지 못한 것을 깨닫게 되는 것은 주의 종의 사역을 통해서이다. 주의

---

1 Frank S. Thielman, *Romans*, ZECNT (Grand Rapids: Zondervan, 2018), 684.
2 Schreiner, *Romans*, 742.
3 Longenecker, *The Epistle to the Romans*, 1040-41.
4 Schreiner, *Romans*, 745.

종은 많은 나라를 그들의 죄에서 깨끗하게 할 것이다(חזה).⁵ 이사야 52:15의 비전은 고난 받는 종에 대해 열방의 왕들이 보이는 반응이다.⁶ 종의 고난은 많은 사람을 놀라게 만든다. 그러나 이 종의 고난은 복음의 선포와 연결된다. "그가 나라들을 놀라게 할 것이며 왕들은 그로 말미암아 그들의 입을 봉하리니 이는 그들이 아직 그들에게 전파되지 아니한 것을 볼 것이요 아직 듣지 못한 것을 깨달을 것임이라"(사 52:15).

민족들과 왕들은 그의 고난의 의미를 깨닫게 될 것이다. 바울은 이사야가 말한 고난 받는 종이 예수 그리스도이시며, 고난 받는 종인 예수 그리스도를 선포하는 일과 교회를 세우는 일이 밀접하게 연결된다고 이해한다(롬 15:20). 복음을 전하는 일은 믿음을 갖도록 초대하는 것이다.⁷ 믿음의 고백은 개인의 고백일 뿐만 아니라 공동체의 고백이 되어야 한다. 바울은 교회를 세워야 한다는 중요한 목적을 가지고 있었다. "내가 그리스도의 이름을 부르는 곳에는"(ὅπου ὠνομάσθη Χριστός, 롬 15:20)이라는 언급은 예수 그리스도를 주로 고백하지 않는 곳에 예수 그리스도의 이름을 부르는 교회를 세우겠다는 바울의 목적을 보여 준다. 그리스도가 아직 선포되지 않은 곳에 복

---

5 개역개정은 "그가 나라들을 놀라게 할 것이며"(사 52:15)라고 번역한다.
6 Thielman, *Romans*, 686.
7 Garland, *1 Corinthians*, 88.

음을 전하겠다는 바울의 결정은 이방인 사역을 위한 부르심과 일치한다. 이방인들을 위해 교회를 설립하는 바울의 사역은 주의 고난 받는 종에 대한 복음을 듣고 깨닫는 이방인들을 언급한 이사야 52-53장 예언의 성취이다.[8]

로마서 15장에서 말하는 바울의 사역은 고린도후서 10:13-18과 연결해서 생각해 볼 수 있다. 고린도후서 10:13-18에서도 바울은 이미 설립된 고린도 교회를 넘어 다른 지역에까지 복음을 선포해야 한다고 주장한다. 이 주장은 거짓 사도들의 사역과 반대된다(고후 11:13-15). 그들은 이미 세워진 교회에 해를 끼치는 자들이다.[9] 바울은 거짓 교사와는 다르다. 바울은 교회를 세우고 거기에 머무르지 않고 다른 지역에도 복음을 전하고자 하는 열망이 있었다.

"우리는 남의 수고를 가지고 분수 이상의 자랑을 하는 것이 아니라 오직 너희 믿음이 자랄수록 우리의 규범을 따라 너희 가운데서 더욱 풍성하여지기를 바라노라 이는 남의 규범으로 이루어 놓은 것으로 자랑하지 아니하고 너희 지역을 넘어 복음을 전하려 함이라"(고후 10:15-16)

바울은 로마서에서 그리스도의 복음을 설명하며 그 가치와 적실

---

8   Moo, *The Epistle to the Romans*, 898.
9   Schreiner, *Paul, Apostle of God's Glory in Christ*, 53.

성을 변호한다. 즉, 그는 로마의 그리스도인들이 복음을 온전히 이해하기 바라는 마음으로 편지를 쓴다. 그들이 복음을 바로 알아 바울이 스페인에서 사역할 때 그들이 후원해 주기를 소망하고 있다.

혹시 남의 터 위에서 사역을 시작하려는 방식이 오늘날 우리 교회를 지배하지는 않는가? 우리가 교회를 세우는 일에 헌신하고 있는지, 아니면 다른 교인들을 빼오는 방식으로 사역을 하고 있는 것은 아닌지 돌아봐야 한다. 예수님께서 지금 이 땅에서 사역을 하신다면, 혹은 바울이 이 시대에 살면서 복음의 부르심을 따라간다면 어떤 식으로 사역을 할 것 같다는 생각이 드는가?

삶의 형편이 어려운 곳, 힘들어서 남들이 가지 않으려는 곳, 아직 복음이 전해지지 않은 곳에 가서 교회를 세우는 일에 헌신하는 것이 바울과 우리의 사명이 아닐까? 필자는 한국에 돌아와서 캠퍼스 사역을 다시 시작했다. 많은 분들이 여러 가지 이유로 반대하거나 걱정하셨다. 예수 그리스도의 복음이 전해지지 않은 곳이 어디인가? 복음으로 기초를 다시 놓아야 할 곳은 어디인가?

믿어 순종하게

바울의 중요한 사역은 교회 설립이다. 복음이 전해지지 않은 곳에 가서 사람들이 예수 그리스도의 이름을 부르게 하고 그들로 하여금 교회를 이루게 하는 것이 바울 사역의 방향이다. 바울은 교회를 세우고 나서도 그 교회가 더 든든히 세워지도록 수고한다. "세우다"라는 단어는 설립의 의미도 있지만 세상의 환난과 핍박 중에도 굳건히 서 있을 수 있는 교회로 만든다는 의미가 있다.

사도로서 바울이 열망하는 사역은 복음을 선포하는 대상인 이방인들이 예수 그리스도를 믿어 순종하는 것이다. "그로 말미암아 우리가 은혜와 사도의 직분을 받아 그의 이름을 위하여 모든 이방인 중에서 믿어 순종하게(εἰς ὑπακοὴν πίστεως) 하나니"(롬 1:5). 바울은 로마서를 마무리하면서도 "이제는 나타내신 바 되었으며 영원하신 하나님의 명을 따라 선지자들의 글로 말미암아 모든 민족이 믿어 순종하게 하시려고(εἰς ὑπακοὴν πίστεως)"(롬 16:26)라고 말한다.

바울이 복음을 선포하는 목표는 모든 민족이 예수 그리스도를 믿어 순종하게 하는 것이다. 즉, 바울의 사역은 단순히 복음이 들어가지 않은 곳에 복음을 선포하고 교회를 세우는 일로만 끝나지 않고, 복음을 듣고 믿은 자들이 즐겁게 순종하는 성숙한 그리스도인이 되는 것을 목표로 한다. 바울은 교회를 든든히 세우고자 한다. 바울은 로마 교회를 방문하고 싶은 열망을 드러내면서 이렇게 말한다. "내가 너희 보기를 간절히 원하는 것은 어떤 신령한 은사를 너희에게 나누어 주어 너희를 견고하게 하려 함이니 이는 곧 내가 너희 가운데서 너희와 나의 믿음으로 말미암아 피차 안위함을 얻으려 함이라"(롬 1:11-12).

바울은 로마 교회를 방문해서 그들을 "견고하게 하려고 한다" (στηρίζω). 그리고 서로에게 위로가 되고자 한다(παρακαλέω). 신령한 은 사를 나누어 주어 교회를 견고하게 하고 서로 위로를 얻고자 한다는 말에는 성도를 동역자로 대하는 바울의 뜻이 담겨 있다. 믿음으로 굳건해지고 서로 위로할 때 환난 중에도 견딜 수 있는 더 단단한 신앙인으로 성숙할 수 있다.

덕을 세우며

고린도전서에서 바울은 영적인 은사에 대해 권면하면서 교회를 세우는 은사를 설명한다. 고린도전서 14장에 기록된 권면에서는 방언보다 예언을 우선한다.[10] "예언하는 자는 … 덕을 세우며(οἰκοδομή) 권면하며 위로하는 것이요"(고전 14:3). 개역개정의 "덕을 세우며"라는 말은 '건축하다'라는 의미로, 한편으로는 '강하게 하다'라는 의미로 이해할 수 있다.[11] 방언은 성도 자신을 세우고 예언은 교회를 세운다.[12] 이 은사에 대한 가르침은 고린도전서에서 바울이 강조하고

---

10 Thomas R. Schreiner, *1 Corinthians: An Introduction and Commentary*, TNTC 7 (Downers Grove, IL: InterVarsity Press, 2018), 286.
11 BDAG, 696.
12 Schreiner, *1 Corinthians*, 286.

자 하는 내용과 밀접하게 연결이 된다.

고린도 교인들은 자신들이 가진 은사를 자랑하고 우월감을 느꼈을 것이다. 그들은 슈퍼히어로 지도자를 원했다. 그들의 기준에 따르면 바울은 보잘것없어 보였다. 앞에서도 언급한 것처럼 고린도 교인들은 여러 가지 측면에서 바울을 다른 사도들과 비교하고 있었다. 그러나 바울 사도는 고린도 교회에 권면하면서 슈퍼히어로 지도자란 존재하지 않으며 자신들 모두가 각자의 위치에서 교회를 세우고 있다고 말한다.

"그런즉 아볼로는 무엇이며 바울은 무엇이냐 그들은 주께서 각각 주신 대로 너희로 하여금 믿게 한 사역자들이니라 나는 심었고 아볼로는 물을 주었으되 오직 하나님께서 자라나게 하셨나니 그런즉 심는 이나 물 주는 이는 아무것도 아니로되 오직 자라게 하시는 이는 하나님뿐이니라 심는 이와 물 주는 이는 한가지이나 각각 자기가 일한 대로 자기의 상을 받으리라 우리는 하나님의 동역자들이요 너희는 하나님의 밭이요 하나님의 집이니라"(고전 3:5-9)

이제 고린도 교회를 설립하고 목회했던 바울의 입장에서 십자가의 도와 예언은 연결점을 가진다. 고린도 교인들의 은사와 지혜가 자신을 뽐내고 자랑하기 위한 것이라면 그 은사와 지혜는 유익이 하나도 없다. 오히려 교회를 세우고 튼튼하게 하는 예언과 십자가 복음이 고린도 교회에 필요할 것이다. 십자가 복음을 전하고 예언의 말씀으로 권면하는 바울은 교회를 세우고 더 단단하게 만드는 사도이다.

바울은 복음을 듣고 믿어 순종하게 된 데살로니가 교회 성도들이 환난과 고난 속에서도 흔들리지 않기를 원한다. "아무도 이 여러 환난 중에 흔들리지 않게 하려 함이라 우리가 이것을 위하여 세움받은 줄을 너희가 친히 알리라 우리가 너희와 함께 있을 때에 장차 받을 환난을 너희에게 미리 말하였는데 과연 그렇게 된 것을 너희가 아느니라"(살전 3:3-4). 바울은 믿음의 결과로 그리스도인들이 굳게 서 있기를 소망한다.

바울은 데살로니가 교회가 여러 환난과 궁핍 가운데서도 믿음으로 굳게 서 있는 것을 보며 위로를 받는다. "우리가 모든 궁핍과 환난 가운데서 너희 믿음으로 말미암아 너희에게 위로를 받았노라 그러므로 너희가 주 안에 굳게 선즉 우리가 이제는 살리라"(살전 3:7-8). 바울은 자신과 동역자들이 복음을 위해 수고한 일이 헛되지 않기를 바란다. 그 수고로 교회가 굳게 서기를 기대한다. "주 안에 굳게 서라"(살전 3:8)라는 바울의 권면은 빌립보서에도 나타난다. "그러므로 나의 사랑하고 사모하는 형제들, 나의 기쁨이요 면류관인 사랑하는 자들아 이와 같이 주 안에 서라"(빌 4:1).

성도가 환난과 핍박 가운데에서도 흔들리지 않고 설 수 있게 하는 목회를 하고 있는지에 관심을 갖기보다, 얼마나 많은 교인들이 교회에 출석하고 있는지 또는 얼마나 많은 헌금이 모이고 있는지 등을 사역의 성공 기준으로 제시하는 경우가 있다. 바울은 복음을 전하는 것으로 사역을 끝낸 것이 아니라 교회가 더욱 굳건히 서도록 건실하게 목회를 하려고 끝까지 노력했다. 그중에 고린도 교회가 있다. 고린도 교회는 바울이 설립하고 목회를 했지만 여전히 미성숙하고 문제가 많은 교회였다. 바울은 이 교회에 편지를 네 번이나 쓰면서 그들에게 믿음 안에 굳게 서 있으라고 권면한다. 고린도 교회와 다르게 데살로니가 교회에 대해서는 믿음으로 굳게 서 있다고 칭찬힌디. 바울이 하나님의 부르심을 받은 목적은 교회를 설립할 뿐 아니라 그 교회가 강건해져서 영적 전쟁에서 이기게 하는 것이다.

적용

코로나 상황은 교회 환경을 너무나 많이 바꾸어 놓았다. 교회는 이전과는 매우 다른 상황에 처해 있다. 어떤 신학자는 이 상황이 지나면 한국 교회는 쇠락의 길을 걷게 될 것이라고 말하기도 한다. 오늘날처럼 교회가 세상에서 비난받고 사역 현장의 범위가 좁아지는 상황에서 우리는 목회를 어떻게 해야 할까? 우리는 교회를 더 든든하게 세우고, 더 튼튼하게 만드는 사역을 하고 있는가? 주님이 우리에게 복음을 맡기신 목적은 사람들에게 복음을 전해 그들을 교회로 불러 모을 뿐만 아니라 그들을 훈련시켜 교회를 더 견고하게 세우고, 밖으로 나가서 이 세상을 위로하게 하시려는 것이다.

교회가 세상의 비난을 받고 있는가? 그렇다면 그 이유는 무엇일까? 우리가 전하는 복음은 사람들을 위로하고 있는가? 우리가 다시 오기를 그렇게나 기대하고 있는 1907년 평양 대부흥 운동은 성령의 강력한 임재로 시작된 놀라운 하나님의 역사이다. 그 결과로 교회는 폭발적으로 성장했고, 그것만으로 끝나 버리지 않았다. 교회는 세상에서 소외된 사람들의 친구였다. 교회는 겸손하게 복음으로 세상을 섬겼다. 또한 전체 인구에서 기독교인의 비율이 매우 낮았지만 그럼에도 불구하고 훌륭한 기독교 지도자를 많이 배출했다. 하나님은 우리를 불러서 십자가 복음을 맡기셨고 그 복음을 들고 나가서 사람들을 구원하고 위로하라 하신다.

유진 피터슨의 『부활을 살라』와 길성남의 『에베소서 어떻게 읽을 것인가』를 추천한다. 에베소서를 통해서 교회가 어떤 존재인지 깊이 이해해 보자.

1. 바울이 스페인에 가서 사역을 하려고 한 이유는 무엇인가? 오늘날 우

리나라에는 많은 교회들이 있다. 교회 사역의 방향은 어떠해야 하는가? 교회를 세운 바울의 사역을 우리 목회 현장에 어떻게 적용할 수 있을까?

2. 그리스도에 대한 믿음을 고백하는 것은 개인적인 일만이 아니다. 성도들이 함께 예수 그리스도를 머리로 하는 교회를 세우는 일이 중요하다. 혹시 우리 교회에 출석하기는 하지만 아직 예수 그리스도를 주로 고백하지 않는 사람들이 있는가? 어떻게 이들을 섬기고 양육해야 할까?

3. 우리나라 인구 대비 기독교인 비율이 갈수록 낮아지고 있다. 특별히 청소년과 청년 복음화율이 매우 낮다. 복음의 사각지대는 어디인가? 그곳에 복음을 전할 수 있는 방법은 무엇일까?

4. 바울은 교회를 견고하게 세우려고 많은 수고를 했다. 우리 교회와 사역지에서 더욱더 견고하게 세워야 할 부분은 어디인가? 어떤 방식으로 사역해야 교회가 더 단단해질 수 있을까?

7. 사역의 대상 (1)
이방인과의 샬롬

하나님의 나라는 의와 희락과 화평이다. 하나님이 통치하시면 샬롬이 이루어진다. 하나님과의 샬롬, 이웃과의 샬롬, 하나님께서 만드신 모든 피조물과의 샬롬이 있는 곳이 하나님의 나라다. 우리 교회는 평화를 누리고 있는가? 우리 교회가 혹시 이방인들, 세상에서 소외된 사람들이 정착하기 힘든 곳은 아닐까? 우리 교회는 외국인 노동자들이 마음 편하게 들어올 수 있는 곳인가? 사회 취약 계층에 속한 사람들이 교회 성도들과 편하게 교제하고 있는가? 교회 문턱이 누군가에게 걸림돌이 되는 경우는 없는가? 교회 안에서 하나님의 정의와 평화가 실현되고 있는가? 바울은 이방인들이 이제 유대인들과 함께 그리스도의 한 몸이 되었다고 선언한다. 이방인의 사도로서 바울은 하나님의 샬롬이 교회에 이루어지게 하는 사역을 하고 있다. 교회가 이루는 샬롬은 온 세상과 영적인 세력까지 포함하는 하나님의 모든 피조물에 알려야 할 복된 소식이다. 바울은 이 일을 위해 부르심을 받았다.

차별이 없느니라

앞에서 말한 것처럼 바울은 로마 교회에 편지를 보내면서 자신이 스페인으로 갈 것이라고 말했다. 바울은 스페인 선교 후원을 로마 교회에 요청하고 있다(롬 15:24).[1] "또 여러 해 전부터 언제든지 서바나로 갈 때에 너희에게 가기를 바라고 있었으니 이는 지나가는 길에 너희를 보고 먼저 너희와 사귐으로 얼마간 기쁨을 가진 후에 너희가 그리로 보내 주기를 바람이라"(롬 15:23-24). 주의 복음을 듣지 못한 사람들에게 복음을 전하고자 하는 바울의 의지(롬 15:20-21)는 스페인 선교로 이어진다. 특별히 바울은 이방인 선교에 대해 다음과 같이 언급한다. "헬라인이나 야만인이나 지혜 있는 자나 어리석은 자에게 다 내가 빚진 자라"(롬 1:14).

"곧 예수 그리스도를 믿음으로 말미암아 모든 믿는 자에게 미치는 하나님의 의니 차별이 없느니라"(롬 3:22). 이제 의롭다 여겨지기 위해 하나님의 의를 받는 데 있어서 이방인과 유대인에게는 차별이

---

[1] Peter Stuhlmacher, *Paul's Letter to the Romans: A Commentary*, trans. Scott Hafemann (Louisville: Westminster John Knox Press, 1994), 240.

없다(οὐ ἐστιν διαστολή). 바울의 이 선언은 이방인 선교의 중요한 이유가 된다. 바울의 복음은 이방인도 하나님의 백성이 될 수 있다는 놀라운 소식이다.

사람을 "외모로 보지 않는다"라는 구약 성경의 표현은 이제 바울 서신에서 사역을 위한 중요한 기준이 되고 있다. 하나님은 사람을 외모로 취하지 않으신다(οὐ γάρ ἐστιν προσωπολημψία, 롬 2:11). 이것은 "차별이 없다"는 말씀과 같은 의미이다. 하나님의 심판과 구원은 그들이 어떤 민족에 속해 있는지와는 상관이 없다(롬 2:1-10). 다른 말로 하면, 하나님의 의는 유대인들에게만 제한되지 않고 모든 민족에게 필요하며 하나님은 모든 민족에게 그분의 의를 허락하신다.

그러므로 믿음으로 의롭게 된다는 진리는 모든 사람, 모든 민족에게 미치는 것이며, 또 그래야만 한다(롬 3:21-22). 모든 민족을 구원하시는 하나님의 의는 아브라함의 언약을 성취한다. 모든 이방인은 하나님의 복을 누린다(창 12:3). 이제 모든 이방인은 하나님의 구원에 참여한다(사 42:6-7; 43:5-7, 14-21; 48:20-22; 49:5-13; 51:9-11; 52:13-15).[2]

---

2   Schreiner, *Romans*, 194.

온 세상의 화목

바울은 이방인에게 복음을 전하는 자신의 사도직이 하나님과 세상을 화해시키고자 하는 구원 계획을 실행하기 위한 것이라고 이해한다. 고린도후서에서 바울은 하나님께서 그리스도로 말미암아 온 세상을 자신과 화목하게 하셨고 바울에게 화목하게 하는 직분을 주셨음을 밝히고 있다. "그가 그리스도로 말미암아 우리를 자기와 화목하게 하시고 또 우리에게 화목하게 하는 직분을 주셨으니 곧 하나님께서 그리스도 안에 계시사 세상을 자기와 화목하게 하시며 그들의 죄를 그들에게 돌리지 아니하시고 화목하게 하는 말씀을 우리에게 부탁하셨느니라"(고후 5:18-19).

복음을 듣고 그리스도 안에 거하는 사람은 새로운 피조물이 된다(고후 5:17). 하나님의 새로운 피조물은 하나님과 화목하게 된다(5:18). 바울은 복음을 전하는 사역과 화목하게 하는 사역을 연결시킨다. 바울은 '화목하게 하다'(καταλλάσσω), 그리고 '화목'(καταλλαγή)이라는 단어를 쓰는 유일한 신약 기자이다. 믿음으로 부활하신 그리스도와 연합한 사람은 누구든지 하나님의 새로운 창조 사역으로 인해 새로운 존재가 되고, 그 새로운 존재는 하나님과 화목하게 된다. 유대인뿐만 아니라 이방인 모두가 하나님과 화목한 삶을 살게 된다. "화목하게 하다"라는 말은 전쟁이 끝나 평화가 오고, 악의 대신 사랑을 품게 되고, 적대감을 버리고 우정을 맺게 되는 것을 의미한다.

인간은 죄악으로 인해 하나님에 대한 적대감을 갖게 되었다. 즉 인간은 하나님과의 평화를 누리지 못하는 상태에 있었다. 인간은 반드시 하나님과 화해해야 한다. 모든 인간이 화목해야 할 대상은 바로 하나님 그분이시며, 하나님과의 화목은 인간이 주체적으로 실행한 것이 아니라 하나님 편에서 먼저 시작하신 일이다. 그리스도는 우리와 하나님의 화해를 이루시는 분이시다. 그리스도의 십자가를 통해서, 그리스도와의 연합을 통해서 하나님과 우리의 화해가 이루어진다(엡 2:16).

바울은 자신의 사역이 "화목하게 하는 직분"($\dot{\eta}$ διακονία τῆς καταλλαγῆς, 고후 5:18)이며 "화목하게 하는 말씀"을 맡았다고 말한다(고후 5:19). 바울은 자신의 직분을 "의의 직분"(고후 3:9)이며 "화목하게 하는 직분"(고후 5:18)이라고 소개한다. "칭의"와 "화해"는 매우 밀접하게 연결되어 있다(롬 5:1, 11). "의롭다 선언된" 죄인들이 하나님과 화목하게 된다.

즉, 화해의 사역은 또한 복음의 사역이다. 화목은 깨어진 관계와 소외됨이 회복되는 것을 의미한다. 하나님의 긍휼과 의로움의 결과인 평화(롬 5:1-11)는 깨진 관계를 다시 이어 붙이고 지금까지 소외되었던 사람들을 품는다. 하나님은 하나님의 영광에서 떠난 모든 사람(롬 3:23)을 불러서 예수 그리스도를 통한 칭의의 결과로 죽음에서 벗어나 하나님의 자녀가 되게 하신다(롬 8). 하나님의 적이 되어 그분에게 적대적이었던 모든 사람이 하나님과 화해하고(롬 5:1-11), 이는 사도 바울의 사역으로 인정받는다(고후 5:18-19).

하나님의 평화는 구약에서 말하는 하나님의 종말론적인 선물이다. 오실 다윗 왕이 이루실 정의와 공의는 하나님의 모든 피조물에게 샬롬을 가져온다.

"이새의 줄기에서 한 싹이 나며 그 뿌리에서 한 가지가 나서 결실할 것이요 그의 위에 여호와의 영 곧 지혜와 총명의 영이요 모략과 재능의 영이요 지식과 여호와를 경외하는 영이 강림하시리니 그가 여호와를 경외함으로 즐거움을 삼을 것이며 그의 눈에 보이는 대로 심판하지 아니하며 그의 귀에 들리는 대로 판단하지 아니하며 공의로 가난한 자를 심판하며 정직으로 세상의 겸손한 자를 판단할 것이며 그의 입의 막대기로 세상을 치며 그의 입술의 기운으로 악인을 죽일 것이며 공의로 그의 허리띠를 삼으며 성실로 그의 몸의 띠를 삼으리라 그때에 이리가 어린 양과 함께 살며 표범이 어린 염소와 함께 누우며 송아지와 어린 사자와 살진 짐승이 함께 있어 어린 아이에게 끌리며 암소와 곰이 함께 먹으며 그것들의 새끼가 함께 엎드리며 사자가 소처럼 풀을 먹을 것이며 젖 먹는 아이가 독사의 구멍에서 장난하며 젖 뗀 어린 아이가 독사의 굴에 손을 넣을 것이라 내 거룩한 산 모든 곳에서 해 됨도 없고 상함도 없을 것이

니 이는 물이 바다를 덮음같이 여호와를 아는 지식이 세상에 충만할 것임이니라"(사 11:1-9)

다윗의 자손으로 오실 메시아는 성령이 충만하게 임재하신 분이다. 성령을 통해서 그는 공의와 정직으로 세상을 심판할 것이다(4-5절). 그 공의로운 심판의 결과로 온 세상이 하나님의 샬롬을 경험할 것이다(6-9절). 메시아를 통해서 이루어질 것이라 약속되었던 의와 평화는 이제 예수 그리스도를 통해서 성취되었다. 하나님은 평화의 언약을 약속하셨고 이제 예수 그리스도를 통해서 이루셨다. 하나님께서 의롭다고 선언해 주신 사람이라면 유대인이든 이방인이든 이 평화에 참여할 수 있다(롬 5:1). 즉, 예수 그리스도의 죽음과 부활을 믿는 사람에게 이루어진 칭의의 결과물이 하나님과의 평화이다. 복음을 받아들인 사람은 하나님에 대한 적대감을 버리고 그분과 화해한 사람이다.

이방인과 유대인들의 화해는 예수 그리스도를 통해서 이루어졌다. 하나님은 자신이 가지신 뜻의 비밀을 바울에게 알리셨다. "그 뜻의 비밀을 우리에게 알리신 것이요 그의 기뻐하심을 따라 그리스도 안에서 때가 찬 경륜을 위하여 예정하신 것이니 하늘에 있는 것이나 땅에 있는 것이 다 그리스도 안에서 통일되게 하려 하심이라"(엡 1:9-10). 이것이 바울이 이방인을 복음 전파의 대상으로 삼은 이유이다. 하나님께서는 그리스도 안에서 모든 것이 통일되는 뜻을 가지고 계셨는데(엡 1:9-10), 이것이 계시로 바울에게 알려졌다(엡 3:3).[3] 만물의 통일됨에는 이방인들이 이스라엘과 함께 유업을 누리는 상속자가 되고 예수님을 머리로 하는 한 몸을 이룬다는 개념이 포함된다.

서로 원수였던 존재들이 이제 화목하게 되어 한 교회를 이룬다. 예수 그리스도의 죽으심이 이 원수 됨을 해소했다. 예수 그리스도는 약속을 따라 경건하지 않은 자들을 위해서 죽으셨는데 그들은 원래 하나님의 원수였다(롬 5:6, 10). 그들의 죄와 적대감은 하나님의 진노를 일으키지만 예수 그리스도를 믿음으로 의롭다 함을 받은 자들은 하나님의 종말론적인 진노에서 구원을 받을 것이다(롬 5:9).

하나님의 진노에서 구원받은 것은 하나님과 화목하게 된 것과 비슷한 측면을 보인다. 우리말 성경에 생략되어 있는 "왜냐하면"으로 연결되어 있는 로마서 5:10은 칭의 대신에 화목이라는 용어를 사용한다. "곧 우리가 원수 되었을 때에 그의 아들의 죽으심으로 말미암아 하나님과 화목하게 되었은즉 화목하게 된 자로서는 더욱 그의 살아나심으로 말미암아 구원을 받을 것이니라"(롬 5:10). 이 "왜냐하면"은 9절의 내용과 연결된다. "그러면 이제 우리가 그의 피로 말미암아 의롭다 하심을 받았으니 더욱 그로 말미암아 진노하심에서 구

---

[3] Matera, *God's Saving Grace*, 43.

원을 받을 것이니"(롬 5:9).

의와 화해는 두 가지 다른 그림이 아니다. 두 가지 모두 그리스도께서 우리를 위해 행하신 일을 묘사하는 용어이다.[4] 칭의가 법정적인 측면에서 우리에게 죄가 없다고 하나님이 선언해 주신 것이라면, 화목은 이전에 하나님과 원수였던 사람들이 이제 하나님의 친구가 되었음을 강조하는 용어이다. 화해 또한 예수 그리스도의 죽으심으로 말미암아 이루어진 것이다(롬 5:10).

이 화해는 "예수 그리스도 안에서" 일어난다. 에베소서 1:3-14에는 열한 번이나 "그리스도 안에서"라는 구절이 나온다. 하나님의 뜻의 비밀(1:9)은 예수 그리스도를 중심으로 한다. 만물은 그리스도를 통해서 통일된다(ἀνακεφαλαιώσασθαι, 1:10). "그의 능력이 그리스도 안에서 역사하사 죽은 자들 가운데서 다시 살리시고 하늘에서 자기의 오른편에 앉히사 모든 통치와 권세와 능력과 주권과 이 세상뿐 아니라 오는 세상에 일컫는 모든 이름 위에 뛰어나게 하시고 또 만물을 그의 발 아래에 복종하게 하시고 그를 만물 위에 교회의 머리로 삼으셨느니라"(엡 1:20-22).

---

4 Schreiner, *Romans*, 271.

화평의 언약

에베소서에서 반영하고 있는 에스겔서 37장 내용은 새 언약의 특징을 두 가지로 정의한다. 새 언약은 다윗 언약에 약속하신 영원한 언약이며 하나님께서 이스라엘에 이루실 화평의 언약이라는 것이다. 우선 에스겔 37장을 살펴보자. 에스겔 37장은 북이스라엘과 남유다가 하나가 되는 장면을 그린다.

"너는 곧 이르기를 주 여호와께서 이같이 말씀하시기를 내가 에브라임의 손에 있는 바 요셉과 그 짝 이스라엘 지파들의 막대기를 가져다가 유다의 막대기에 붙여서 **한 막대기**가 되게 한즉 내 손에서 **하나가 되리라** 하셨나 … 주 여호와께서 이같이 말씀하시기를 내가 이스라엘 자손을 잡혀 간 여러 나라에서 인도하며 그 사방에서 모아서 그 고국 땅으로 돌아가게 하고 그 땅 이스라엘 모든 산에서 그들이 **한 나라**를 이루어서 **한 임금**이 모두 다스리게 하리니 … **그들은 내 백성이 되고 나는 그들의 하나님이 되리라** 내 종 **다윗이 그들의 왕이 되리니** 그들 모두에게 **한 목자**가 있을 것이라 … 내 종 **다윗이 영원히 그들의 왕이 되리라** 내가 그들과 **화평의 언약**을 세워서 **영원한 언약**이 되게 하고 또 그들을 견고하고 번성하게 하며 내 성소를 그 가운데에 세워서 영원히 이르게 하리니 내 처소가 그들 가운데에 있을 것이며 **나는 그들의 하나님이 되고 그들은 내 백성이 되**

리라 내 성소가 영원토록 그들 가운데에 있으리니"(겔 37:19-28)

북이스라엘과 남유다는 이제 한 나라가 되어서 한 임금이 다스리게 될 것이다. 27절에 "나는 그들의 하나님이 되고 그들은 내 백성이 되리라"라는 유명한 언약 문구가 있다. 그런데 그 나라를 다스리는 왕은 누구인가? 다윗이 그 왕이 될 것이다. 다윗은 영원한 그들의 왕이 될 것이다. 이는 사무엘하 7장에서 하나님이 약속하셨던 다윗 언약과 연결되는 말씀이다. 이 언약은 또한 화평의 언약이다(26절). 결론적으로 하나님은 하나 된 백성을 위해 성소로 좌정하신다(28절). 북이스라엘과 남유다가 하나가 되는 그림, 그곳에 샬롬이 이루어지는 그림이 에스겔의 비전이다.

에스겔 37장에 나오는 새 언약의 평화는 에베소서와 잘 어울리는 그림이다. 바울은 에스겔 37장을 반영한다. 이제 에베소서에서는 북이스라엘과 남유다의 하나 됨보다 더 큰 비전, 즉 유대인과 이방인을 포함하는 모든 민족이 하나가 되는 그림을 제시한다. 왕 다윗은 이제 온 세상을 통치하는 존재이며 그 아래 만물이 통일된다. 한 사람, 한 백성인 교회는 이제 성전을 이룬다. 그 평화의 언약이 그리스도 예수를 통해서 성취된다. 다른 말로 하면, 하나님과의 화해뿐만 아니라 서로 적대감을 가졌던 수평적인 모든 관계에서도 화해가 일어났다. 새 언약 이전에는 유대인과 이방인이 가까이할 수 없는 상황이었으나 새 언약이 이루어지자 그들은 샬롬을 경험하고 모두 다 하나님께로 나아간다.

그리스도가 이루시는 화해는 단순히 인간에게만 국한되는 것이 아니라 온 세상을 대상으로 한다(고후 5:19; 참조. 골 1:20, 22). "곧 하나님께서 그리스도 안에 계시사 세상을 자기와 화목하게 하시며 그들의 죄를 그들에게 돌리지 아니하시고 화목하게 하는 말씀을 우리에게 부탁하셨느니라"(고후 5:19). 즉, 모든 세상은 하나님과 화목해야 한다. 이 화해의 사역을 감당하는 사람은 그리스도를 대신하는 것과 같다. 바울은 하나님의 사자로서 교회 안에만 머물러 있는 것이 아니라 세상을 하나님과 화목하게 하는 사역을 감당하기 위해 곳곳을 다니며 하나님의 화해의 메시지를 전한다. 바울이 이방인에게 복음을 전한 것은 온 세상과 화목하시려는 하나님의 뜻을 이루기 위해서였다.

적용

한국 사회는 양극화로 몸살을 앓고 있다. 서로에 대한 적대감이 가득한 글들을 온라인에서 자주 볼 수 있다. 정치와 경제에서 양극화는 더욱더 심해지고 이 양극화는 교회에도 흘러들어와 있다. 아주

오래전 이야기이지만 서울에 있는 교회에 경상도 교회, 전라도 교회가 있다는 말을 들은 적이 있다. 필자는 경상도에서 고등학교까지 보내고 대학생이 되어서 서울에 왔다. 그때 처음 출석하기 시작한 교회의 분위기가 내게는 너무 익숙했다. 교회 여기저기에서 경상도 사투리가 들려 왔기 때문이다. 물론 그 교회가 다른 지역 사람들을 차별하거나 양극화로 나뉜 교회는 아니었다. 우리는 교회 안에서 벽을 허물기는커녕 오히려 여러 가지 이유로 벽을 더욱더 굳게 세우고 있지는 않는가?

하나님은 우리에게 화목하게 하는 말씀을 맡기셨다. '화목하게 한다'는 말이 익숙하지 않거나 삶이나 교회 생활에 적용되지 않는 상황에 처한 사람도 있을 것이다. 평화는 정의가 실행되지 않기 때문에 일어난다고 이해할 수 있다. 정의가 자기 입맛대로 실행되기 때문에 양극화가 더욱 심해지고 그 가운데서 평화를 찾을 수 없는 것일지도 모른다. 우리는 먼저 하나님의 정의와 공의가 실행되도록 노력해야 하고 그 가운데서 하나님과의 수직적인 샬롬을 이루어야 한다. 하나님과의 관계에서 평화가 넘치지 않으면 우리 사이에 평화가 임할 수 없다. 우리의 사역은 갈등과 반목을 만들어 내는 것이 아니라 모든 사람들이 화목하도록 중재 역할을 해야 한다.

니콜라스 월터스토프의 『정의와 평화가 입맞출 때까지』를 읽어 보자. 정의와 평화는 따로 떨어져 있지 않다. 하나님께서 이루시고 자 하는 샬롬이 무엇인지를 고민해 보자.

1. 바울은 이방인의 사도로서 그들에게 복음을 전하며 이 복음은 차별하지 않는다고 선언한다. 하나님은 "외모로 사람을 취하지 않으시는 분"이다. 혹시 우리가 전하는 말씀과 사역에서 누군가를 차별하고 있지는 않는가? 우리는 모든 사람을 차별 없이 대하고 있는가?

2. 화목은 깨어진 관계가 회복되고 소외되는 사람이 없게 하는 것을 말한다. 하나님의 적이었던 사람들이 하나님과 화해하게 하는 것이 복음 사역이다. 우리의 사역을 통해서 이런 회복이 일어나고 있는가? 회복이 일어나고 있다면 어떤 방식으로, 누구의 수고를 통해서 일어나는가? 회복이 일어나지 않고 있다면 그 이유는 무엇일까?

3. 샬롬은 의가 실행되는 그곳에 펼쳐진다. 하나님의 의가 올바로 실행되는 곳에 평화가 있다. 혹시 우리는 기울어진 기준으로 일을 불공정하게 행하지는 않는가? 불의를 행한 결과로 샬롬이 없는 공동체를 경험한 적이 있는가? 하나님의 정의와 공의가 우리의 사역 현장에 이루어진다는 것은 어떤 의미인가?

4. 하나님께서 이루신 샬롬은 단순히 하나님을 믿는 개인에게만 이루어

지는 것이 아니다. 화해는 모든 피조물을 대상으로 한다. 우리의 사역을 통해서 모든 피조물이 하나님과의 샬롬을 이루어 가고 있는가?

8. 사역의 대상 (2)

교회의 하나 됨

♦♦♦

에스겔 37장은 오실 다윗 메시아가 북이스라엘과 남유다가 통일된 한 나라의 왕이며 그의 다스림으로 하나님의 평화의 언약이 이루어지리라는 에스겔 선지자의 비전이다. 이 본문을 우리나라 남북통일의 이상적 예로 드는 경우가 있다. 그러나 이 본문은 단순히 한반도의 통일에만 적용할 수 있는 구절이 아니다. 바울은 온 우주가 회복될 때 이 언약이 새롭게 갱신되는 것이라고 이해하고 있다. 새롭게 올 다윗 왕은 이스라엘을 포로 상태에서 구원할 뿐만 아니라 온 세상의 주(κύριος)가 되실 것이다. 모든 만물이 그의 다스림을 받을 것이다. 그의 다스림으로 하나님의 창조 질서가 회복될 것이다. 그를 머리로 하는 통치는 교회에서도 이루어진다. 그리스도 안에서 우리는 한 몸이며 교회를 이룬다. 교회는 나누어질 수 없는 그리스도의 몸이다.

모든 피조물보다 먼저 나신 이

바울의 복음은 "모든 피조물보다 먼저 나신 이"(πρωτότοκος πάσης κτίσεως)에 대한 소식이다. "먼저 나신 이"(πρωτότοκος)는 모든 피조물보다 우선하고 으뜸 되는 분이시다(골 1:15-17). 이 단어는 그리스도와 피조물 간의 관계를 나타낸다.[1] 그의 지위는 매우 높아서 모든 만물을 다스리시는 주님이시다. 예수 그리스도는 온 세상을 다스리시는 주권을 가지신 하나님의 아들이시다. 그리스도의 우월성은 이 땅의 피조물뿐만 아니라 영적인 존재들에게까지 미친다. 바울은 "혹은 왕권들이나 주권들이나 통치자들이나 권세들이나 만물이 다 그로 말미암고 그를 위하여 창조되었고"(골 1:16)라고 강조한다. 여기 사용된 "왕권, 주권, 통치자들, 권세들" 같은 단어들은 천상의 영적 세력을 의미한다. 천상의 영적 세력까지 예수 그리스도로 말미암아 창조되었고 그분을 위해서 창조되었다. 예수 그리스도는 온 우주를 다스리는 주권을 가지고 계신다.

만물보다 우월하신 그리스도는 교회의 머리이다(골 1:18). 교회는 예수 그리스도의 우주적인 다스림을 보여 준다. 교회는 그 구성원이 제한되지 않는다. 교회의 정체성은 오직 그리스도를 믿는 믿음이다.

---

1 길성남, 『골로새서·빌레몬서』, 84.

이방인과 유대인 모두 그 구성원이 될 수 있다. 정치적인 이념도 벽이 될 수 없다. 죽으시고 부활하신 그리스도("죽은 자들 가운데서 먼저 나신 이시니", 1:18)는 모든 만물의 목적이 되시고 새로운 창조의 방향이 되신다("친히 만물의 으뜸이 되려 하심이요", 1:18).[2] 그분은 만물의 으뜸일 뿐만 아니라 십자가의 사역으로 만물을 화목하게 하신다. "그의 십자가의 피로 화평을 이루사 만물 곧 땅에 있는 것들이나 하늘에 있는 것들이 그로 말미암아 자기와 화목하게 되기를 기뻐하심이라"(골 1:20).

예수 그리스도의 죽음과 부활은 모든 인류의 불화를 해결한다. 교회의 비전은 만물을 화목하게 하신 예수 그리스도의 죽으심과 부활이 가진 목적에 초점을 맞춘다.[3] 골로새서는 이 내용들이 복음에 포함된다고 언급한다. "이 복음이 이미 너희에게 이르매 너희가 듣고 참으로 하나님의 은혜를 깨달은 날부터 너희 중에서와 같이 또한 온 천하에서도 열매를 맺어 자라는도다"(골 1:6).

바울은 그리스도의 우월성과 그분의 십자가 사역을 통한 만물의 화목을 강조한 이후에 유대인과 이방인의 화목을 말한다(골 1:21-22). "이제는 그의 육체의 죽음으로 말미암아 화목하게 하사"(1:22)라며

---

2 James D. G. Dunn, *The Epistles to the Colossians and Philemon: A Commentary on the Greek Text*, NIGTC (Grand Rapids: Eerdmans, 1996), 98.
3 Ibid., 104.

예수 그리스도의 죽음을 통한 화목을 제시한다. 하나님께서 죄인들과의 화해를 주도하신다.[4] 골로새 지역의 이방인들이 교회 성도가 될 수 있었던 이유는 원수까지 사랑하신 하나님의 은혜 때문이며, 죄인들을 대신하여 십자가에 달리신 그리스도를 통해서 하나님과 죄인 사이의 화해가 이루어졌다.[5] 이 가르침이 앞에서 살펴본 에베소서의 이방인과 유대인의 샬롬과 연결되는 지점이다.

원수 된 것을 소멸하시고

바울은 특별히 유대인과 이방인의 화목을 제시한다. "또 십자가로 이 둘을 한 몸으로 하나님과 화목하게 하려 하심이라 원수 된 것을 십자가로 소멸하시고"(엡 2:16). 유대인들과 이방인들은 하나님과 화목하게 되었고 서로 한 몸을 이룬다(ἐν ἑνὶ σώματι, "한 몸으로"[개역개정]).[6] 예수 그리스도의 죽으심으로 인해 유대인들과 이방인들이 함께 하나님 아버지께 나아갈 수 있게 되었다(2:18).[7] 이들은 하나님의 가족이며(2:19), 하나님이 거하시는 새로운 성전의 일부가 된다(2:22).

---

4   길성남, 『골로새서 · 빌레몬서』, 109.
5   Ibid., 110.
6   길성남, 『에베소서 어떻게 읽을 것인가』, 207.
7   Ibid., 211.

유대인들과 이방인들이 함께 하나님께 자유롭게 나아가는 것은 매우 놀라운 일이 아닐 수 없다. 앞에서 언급한 대로, 이방인들은 성전의 담을 넘어 유대인들의 뜰에 들어갈 수 없었다. 그 담을 넘는 이방인들은 죽음의 형벌을 받아야 했다. 성전의 담은 유대인들이 이방인들에 대해서 가진 적대감과 경멸과 우월감을 상징한다. 그런데 이제는 이방인들이 성전에 들어가는 것 정도가 아니라, 하나님께 직접 나아갈 수 있게 되었다. 이것은 가히 혁명적인 일이다. 유대인들과 이방인들을 중간에 막힌 담처럼 갈라놓던 원수 된 것을 그리스도께서 제거하시고 그 둘을 하나님과 화해하게 하심으로써 이런 일이 가능하게 된 것이다.[8]

바울이 전한 복음은 유대인에게만 제한되는 것이 아니라 천하 만민을 위한 것이며, 바울은 자신이 이 복음의 일꾼이라는 소명을 제시한다(골 1:23). 이 직분은 하나님께 받은 것이며(1:25) 이 직분의 핵심은 이방인에게 복음의 비밀을 전하는 일이다(1:27). 이제 이방인들도 하나님의 가족이 되었다.

예수 그리스도의 복음은 하나님의 비밀이 계시된 것("신비의 계시" [ἀποκάλυψιν μυστηρίου], 롬 16:26)이다.[9] '비밀'(μυστήριον)은 바울 서신에서 중요한 언어인데 하나님의 비밀이 감추어졌다가("영세 전부터 감추어졌

---

8   Ibid., 212.
9   Schreiner, *Romans*, 786.

다가", 롬 16:25) 이제 드러난다는 의미를 가진다. 그러므로 하나님의 뜻을 아는 지식이 하나님의 백성 가운데 채워져야 한다. 바울은 이를 위해서 기도한다. "이로써 우리도 듣던 날부터 너희를 위하여 기도하기를 그치지 아니하고 구하노니 너희로 하여금 모든 신령한 지혜와 총명에 하나님의 뜻을 아는 것으로 채우게 하시고 주께 합당하게 행하여 범사에 기쁘시게 하고 모든 선한 일에 열매를 맺게 하시며 하나님을 아는 것에 자라게 하시고"(골 1:9-10). '하나님을 아는 지식'이란 그리스도를 통해서 이방인 자신들을 구원하신 하나님을 아는 것이다.[10]

골로새서에서 바울은 '감추어졌다'라는 단어를 또 사용한다. "이는 너희가 죽었고 너희 생명이 그리스도와 함께 하나님 안에 감추어졌음이라"(골 3:3). 이 비밀을 안다는 것은 그리스도를 아는 지식을 가졌다는 뜻이다. 그리스도는 우리 안에 계신 비밀이시다(27절). 즉, 바울이 전하는 복음은 이방인들이 구원의 공동체, 즉 하나님의 백성이 되었다는 것이다. 이방인들은 유대인들과 동일하게 하나님의 백성이 되었다(참조. 엡 3:3-6, 9; 골 1:26-27).[11] 바울이 전하는 복음의 비밀은 그가 이방인의 사도라는 점을 드러낸다. 이 비밀은 감추어졌다가 이제 드러났다(엡 3:5; 골 1:26-27). 이 비밀은 이방인이 이제 하나님의

---

10 Matera, *God's Saving Grace*, 241-42.
11 Schreiner, *Romans*, 786.

백성이 되었으며 하나님의 약속에 참여하는 자들이 되었다는 것이다(엡 3:6). 이방인 선교는 예수 그리스도의 십자가를 통해서 유대인과 이방인 모두가 하나님의 백성으로 화목하게 되었다는 소식을 전하는 일이다.

지금 우리 교회를 돌아보자. 우리의 사역으로 교회 안의 모든 성도가 하나님과의 화해를 경험하고 있는가? 정치적 입장, 출신 지역, 학력, 경제 능력 등의 차이로 인한 차별이 교회에는 없는가? 교회가 기존 성도들과 다른 부류의 사람들은 받아들이지 못하는 게토가 된 것은 아닌지 우리의 사역을 반성해 보아야 한다.

너희도 서로 받으라

바울은 성도들에게 서로를 받아 하나님께 영광을 돌리라고 권면한다. "그러므로 그리스도께서 우리를 받아 하나님께 영광을 돌리심과 같이 너희도 서로 받으라"(롬 15:7). "서로 받으라"라는 권면은 유대인이든 이방인이든 상관없이 서로 진심으로 받아들여야 한다는 의미이다. 예수 그리스도는 유대인과 이방인 모두를 받으셨기 때문이다. 각자의 신학이 어떠하든, 각자의 사상이 어떠하든, 각자의 출신이 어떠하든, 교회에 속했다면 모두 그리스도 안에서 하나이다. 바울은 이렇게 선언한다. "이제 인내와 위로의 하나님이 너희로 그리스도 예수를 본받아 서로 뜻이 같게 하여 주사 한마음과 한 입으로 하나님 곧 우리 주 예수 그리스도의 아버지께 영광을 돌리게 하려 하노라"(롬 15:5-6).

로마 교회의 이방인 그리스도인들은 유대인 그리스도인들을 비판하고 업신여기고 있었다. 그러나 그리스도께서는 유대인들을 포기하시지 않으셨다. 그리스도는 할례의 추종자가 되셨다(롬 15:8). 할례는 유대인을 언급하기 위해 사용된 용어이며 이방인과 유대인을 대조하기 위한 언어이다. 이는 언약에 신실하신 하나님(하나님의 진실하심, ὑπὲρ ἀληθείας θεοῦ)의 일하심이다. 하나님은 유대인을 구원하겠다는 약속을 지키기 위해서 여전히 신실하게 행하신다. 로마 교인들은 한마음과 한 입으로 하나님께 영광 돌리는, 그리스도 안에서 뜻을 같이하는 한 몸인 교회가 되어야 했다.

계속해서 바울은 예수 그리스도가 하나님의 언약적인 긍휼하심을 위해서 이방인 구원 사역을 행하셨다고 이야기한다(롬 15:9). 유대인들이 정죄하고 판단하는, 유대인의 기준으로 죄인인 이방인들을 하나님은 긍휼히 여기셔서 자신의 백성으로 삼으셨다. 유대인과 이방인을 구원하심으로 인해 하나님은 영광을 받으신다. "그러므로 내가 열방 중에서 주께 감사하고 주의 이름을 찬송하리로다 함과 같으니라"(롬 15:9). "또 이르되 열방들아 주의 백성과 함께 즐거워하라"(롬 15:10). 유대인만 하나님의 백성이 아니고 이방인까지 하나님의 권속이 되는 놀라운 종말론적인 사건이 일어났기에 하나님은 열방의 찬양을 받으신다. 이 종말론적인 사건이 메시아이신 예수님을 통해서 이루어진다.

로마서 15:9에서 바울은 시편 18편을 인용하며 이 시편의 더 넓은 배경을 제시한다.[12] 시편 18편에서 다윗은 대적들로부터 자신을 구원해 주신 여호와를 찬양한다. 여호와의 도우심으로 다윗은 적들을 심판하고 물리친다(시 18:31-42).[13] 다윗이 승리하고 그의 이름이 높아짐은 다윗 언약의 약속이다. "네가 가는 모든 곳에서 내가 너와 함께 있어 네 모든 원수를 네 앞에서 멸하였은즉 땅에서 위대한 자들의 이름같이 네 이름을 위대하게 만들어 주리라"(삼하 7:9). 다윗은 열방의 머리가 되고, 여호와는 나라들을 그의 다스림 아래에 두신다(시 18:46-48). 이것은 아브라함의 언약이 다윗을 통해서 성취되는 장면이다. 다윗은 이러한 문맥에서 여호와를 찬양한다. "여호와여 이러므로 내가 이방 나라들 중에서 주께 감사하며 주의 이름을 찬송하리이다"(시 18:49).

바울은 부활하신 예수 그리스도께서 다윗의 노래에 나타나는 일들을 성취하셨다고 이해한다. 유대인뿐만 아니라 모든 이방인이 죄

---

12 Myongil Kim, *God's Judgment through the Davidic Messiah: The Role of the Davidic Messiah in Romans 1:18-4:25* (Eugene, OR: Wipf & Stock, 2020), 141.
13 Mark A. Seifrid, "Romans," in *Commentary on the New Testament Use of the Old Testament*, ed. by G. K. Beale and D. A. Carson (Grand Rapids: Baker, 2007), 689.

를 짓고 하나님을 대적하여 그 영광에 이를 수 없었고,[14] 그들의 불의와 불경건함이 하나님의 진노를 불러일으켰다.[15] 하나님은 유대인과 이방인 모두를 구원하시기 위해 자신의 진노를 예수 그리스도께 쏟으셨으며 십자가에서 죄를 심판하심으로 이방인에 대한 구원을 이루셨다(롬 3:25; 8:1-3). 바울의 강조점은 이 심판을 통해서 이방인들을 하나님의 백성에 포함시키는 데 있다(15:9; 참조. 3:21-31; 4:12-17; 9:24-25, 30; 10:9-13; 11:28-30).[16] 이방인이 하나님의 백성 된 것은 그들에게 하나님께 영광을 돌릴 책임이 있음을 보여 준다. 죄에 대한 하나님의 심판이 수행되고 모든 열방이 하나님께 찬양을 올려 드리는 그림을 바울이 그리고 있다.

로마서 15:10에서 인용한 신명기 본문의 문맥도 마찬가지이다. 여호와 하나님은 자신의 백성을 심판한 이후에(신 32:19-33) 대적을 심판하실 것이다(신 32:42-43). 열방이 기뻐함은 나라들에 대한 여호와의 심판 선언 사이에 위치한다. 모든 열방, 즉 이방인과 유대인이 함께 하나님을 찬양한다. 여호와 하나님의 열방에 대한 승리는 이방인들의 찬양이라는 결과를 가져온다. 열방이 하나님을 찬양하는 데 참여하는 것은(롬 15:9-11) "이새의 뿌리"가 감당한 일의 결과이다.

---

14 "모든 사람이 죄를 범하였으매 하나님의 영광에 이르지 못하더니"(롬 3:23).
15 "하나님의 진노가 불의로 진리를 막는 사람들의 모든 경건하지 않음과 불의에 대하여 하늘로부터 나타나나니"(롬 1:18).
16 Moo, *The Epistles to the Romans*, 874.

바울이 인용한 내용은 오실 다윗 왕의 이야기이다. 왜냐하면 다윗은 "열방 중에서" 하나님을 찬양하는데, 이는 다윗 왕을 통해 하나님께서 이방 나라들에 승리하시기 때문이다. 이제 예수 그리스도의 부활의 승리가 실행된다. 메시아는 모든 적을 자신의 발아래 두고 그들 모두가 하나님께 영광을 돌리게 하는 분인데, 이것을 예수 그리스도께서 성취하셨다. 바울은 이 사실을 앞 시편의 찬양에 이어서 이사야를 인용함으로 확증한다(롬 15:12).[17] 이방인들은 열방 가운데 유대인들과 함께 하나님의 이름을 찬양한다.

바울은 자신이 이방인을 위한 사역자임을 분명히 이해하고 있다. 구약을 인용하면서 강조한 대로 열방이 하나님을 찬양하게 하는 그 일에 바울은 부르심을 받았다. 특별히 바울은 자신을 제사장적인 임무를 감당하는 사역자로 소개한다(롬 15:16). 바울의 선교 사역은 제사장적인 사역이며 "이방인을 제물로 드리는" 사역이다. 바울은 온 열방이 하나님께 제물로 드려지고 찬양이 되게 하는 그 일을 위해 사역하는 제사장이다. 이는 하나님께서 주신 은혜이다(롬 15:15). 바울은 이를 구체적인 결과와 연결해서 설명한다. 바울은 그리스도의 복음을 예루살렘에서 일루리곤까지 전했고(롬 15:19) 이제 스페인으로 가고 있다.

---

[17] Kim, *God's Judgment through the Davidic Messiah*, 142.

하나님의 복음에는 차별이 없다. "곧 예수 그리스도를 믿음으로 말미암아 모든 믿는 자에게 미치는 하나님의 의니 차별이 없느니라"(롬 3:22). 예수 그리스도는 하나님과 인간 사이의, 유대인과 이방인 사이의 막힌 담을 허셨고 특별히 이방인을 불러 자신의 백성으로 삼으셨다. 이 복음을 전하는 우리도 화해의 사역을 감당해야 한다. 화해의 사역은 서로 받아 주는 것에서 시작된다(롬 15:7).

적용

우리는 코로나로 인해 지금까지 경험하지 못했던 사역 환경을 맞이하고 있다. 교회의 기초 체력이 다 드러난 것처럼 보이기도 했다. 이러한 상황 가운데서 우리는 바울의 "서로 받으라"라는 권면을 기억할 필요가 있다. 우리가 담당하고 있는 사역 현장에서 우리는 이 가치가 더욱 빛나도록 노력해야 한다. 필자가 담당하고 있는 캠퍼스 사역 현장에는 코로나 상황에도 불구하고 크게 성장한 공동체가 있다. 물론 구성원들도 많이 노력했지만, 특히 공동체 리더 A가 보여준 헌신은 정말 값진 것이었다. 안타깝게도 편 가르기를 하고 자기 마음에 드는 후배를 리더로 삼으려는 한 상급생이 있었고 이 상급생은 A를 싫어했다. 그러나 복잡하고 힘든 과정을 거친 후에 A가 공동체 리더가 되었다. A는 자기를 싫어하는 상급생과 갈등을 일으키지 않고 오히려 그를 사랑으로 품었다. 출신 지역과 신앙 색깔이 다양한 공동체에서 모든 형제자매를 받아 주면서 그들과 함께 성장하기 위한 노력을 계속했다. 그 결과 우리 공동체는 폭발적으로 성장했다. 공동체에 들어온 새 신자 여러 명을 지역 교회에 연결해 주기도 했다. 따뜻한 마음을 가진 리더와 서로 돌아보고 받아 주려는 공동체 지체들의 노력 덕분이라고 생각한다.

그리스도가 이루신 화해의 사역, 이 사역을 우리도 계속해서 이어 나가야 한다. 복음은 갈등을 일으키지 않고 하나 됨을 만들어 낸다. 진정한 화해를 이루기 위한 사역이 절실하게 필요한 시기다.

마르바 던의 『희열의 공동체』, 박영호의 『다시 만나는 교회』를 추천한다. 교회가 어떤 방식으로 서로를 돕고 세우고 위로해야 할지에 대해서 많은 통찰을 주는 책이다.

1. 예수 그리스도는 온 세상의 주인이자 교회의 머리가 되신다. 그 안에서 우리는 하나가 되고 통일된다. 그 안에서 그분의 부요함으로 충만해진다. 우리는 그리스도의 충만을 누리고 있는가? 원래 하나님께서 창조하신 목적대로 하나 됨을 이루고 있는가?

2. 교회의 하나 됨은 비밀의 계시이다. 복음으로 하나님의 자녀가 되고

그리스도의 몸 된 교회를 이루는 우리의 하나 됨은 예수 그리스도를 믿지 않는 사람들과 온 세상의 영적 존재들에게 하나님의 구속 목표와 그 그림을 보여 준다. 혹시 사람들이 우리 사역을 보고 실망하지는 않는가? 우리의 하나 됨으로 하나님의 비밀의 계시가 전달되고 있는가?

3. 바울은 예수 그리스도께서 십자가 사건으로 우리를 받으신 것처럼 우리도 서로 받으라고 권면한다. 우리는 옆에 있는 지체를 받아 주고 있는가? 그리스도의 십자가 사랑으로 사랑하고 있는가?

4. "서로 받으라"라는 바울의 권면은 하나님께 영광을 돌리는 일로 연결된다. 예수님께서는 십자가에서 죽으심으로 우리를 받아 주셨고 이로 인해 하나님께 영광을 돌리셨다. 우리가 무언가 위대한 업적을 이루어야만 하나님이 영광 받으시는 것이 아니다. 소소하지만 우리의 사역에서 예수 그리스도의 사랑과 받아들임을 실천할 때 하나님께 영광이 된다. 우리는 하나님께 어떻게 영광을 돌리고 있는가?

9. 사역의 동역자들
함께 가는 길

바울은 홀로 사역하지 않았다. 그는 늘 동역자들과 함께 일했다. 다른 밭고랑에서 각자 일하고 있어도 한 밭을 일구는 일이다. 고린도전서 3장에서 바울은 동역자들과 함께 하나님의 밭을 일구는 그림 언어를 사용한다. 그런데 지금 현대 사회에서는 서로 치열한 경쟁을 하다 보니 그 경쟁의식이 교회 안에도 흘러 들어와 있다. 성도들과 함께 교회를 세우고자 하는 협력 의지는 부족하고, 경쟁에서 이겨 자기만 더 높은 자리에 올라가고자 하는 모습이 보이기도 한다. 위계질서가 심해서 동역보다는 상명하복이라는 개념이 더 어울릴 때도 있다. 그러나 사역에서는 "함께"가 강조되어야 한다. 바울은 그 "함께"라는 가치를 위해서 사역한 사도이다.

바울의 동역자들

바울은 자신의 편지에서 그의 복음 사역에 동참한 여러 동역자를 언급한다. "십사 년 후에 내가 바나바와 함께 디도를 데리고 다시 예루살렘에 올라갔나니"(갈 2:1). 바울은 안디옥 교회를 대표하는 바나바와의 동역을 통해서 이방인들 가운데 나타난 성령의 역사하심을 예루살렘 교회에 보이기 위해 디도를 데리고 왔을 것이다.

이후에 바울은 다시 예루살렘으로 가려고 한다. 이번에는 바울의 동역자들이 예루살렘 교회로 보낼 연보를 모으는 일을 담당했다(고전 16:3-4; 고후 8:19). 그들은 성도들의 인정을 받은 사역자들이다. "내가 이를 때에 너희가 인정한 사람에게 편지를 주어 너희의 은혜를 예루살렘으로 가지고 가게 하리니"(고전 16:3). 인정을 받았다는 것은 그들이 여러 상황 속에서 신실하고 참되다는 확인을 받았다는 의미이다.[1] 매우 긴 여정 동안 어려움과 위험을 감수하면서도 연보를 전달하는 책임을 맡을 수 있을 정도로 진실한 사람들이라는 뜻이다.

바울은 이들을 온전히 믿었다. 연보의 목적은 "주의 영광을 위한 것"이며 "바울의 선한 뜻"을 위한 것이다.[2] 바울은 고린도 교회에 디도를 다음과 같이 소개한다. "그는 동일한 주의 영광과 우리의 원

---

1 Thiselton, *The First Epistle to the Corinthians*, 1324.
2 Harris, *The Second Epistle to the Corinthians*, 604.

(선한 뜻)을 나타내기 위하여 여러 교회의 택함을 받아 우리가 맡은 은혜의 일로 우리와 동행하는 자라"(고후 8:19). 바울은 단순히 동역자들과 함께 일하는 것을 넘어 하나님의 영광을 나타내고자 한다.

동역자들은 바울이 복음을 전하는 일에 함께한다. 고린도후서 8:18에서는 가장 중요한 사역이 복음의 일이라고 말한다. "복음으로써"(고후 8:18)라는 말에는 복음 전하는 일도 포함된다.[3] 디모데는 "우리 형제 곧 그리스도의 복음을 전하는 하나님의 일꾼"으로 소개된다(살전 3:2). "일꾼"(συνεργός)이라는 말은 "동역자"로서 특별히 복음을 선포하는 일에 헌신함을 표현한다. 특별히 디모데는 바울의 제2차 선교 여행에서 한 팀을 이루었다(행 16:1-3). 그는 바울의 가장 가까운 동역자였다(참조. 행 19:22; 고전 4:17; 16:10; 고후 1:1, 19; 빌 1:1; 2:19-24; 골 1.1; 살전 1:1; 3:2, 6; 살후 1:1; 딤전 1:2; 딤후 1:2; 몬 1). 디모데는 데살로니가 교인들의 믿음을 강하게 하고 권면하는 일(살전 3:2, 6)과 모든 교회에서 그리스도의 도를 전하는 일을 감당했다(고전 4:17). 바울의 선교 전략은 중요한 도시에서 사역하는 것이었는데 그의 동역자들은 작은 도시로 가서 사역을 확장한 경우가 보인다. 그 예가 골로새서의 에바브라이다.

바울은 특히 교회를 세우는 사역에 여러 동역자들과 협력했다.

---

[3] David E. Garland, *2 Corinthians*, CSC (Nashville: Holman Reference, 2021), 444.

"나는 심었고 아볼로는 물을 주었으되 오직 하나님께서 자라나게 하셨나니 그런즉 심는 이나 물 주는 이는 아무것도 아니로되 오직 자라게 하시는 이는 하나님뿐이니라 심는 이와 물 주는 이는 한가지이나 각각 자기가 일한 대로 자기의 상을 받으리라 우리는 하나님의 동역자들이요 너희는 하나님의 밭이요 하나님의 집이니라"(고전 3:6-9)

바울은 갈등으로 얼룩진 고린도 교회에 자신이 동역자들과 함께 하나님의 집을 세우는 일을 위해 헌신하고 있다고 말한다. 고린도 교회는 여러 분파로 나누어져서 갈등하고 있었고, 바울이나 게바나 아볼로와 같은 일꾼들이 하나의 목적을 위해 함께 일하는 것과는 달리 하나가 되지 못하고 있었다. 사역자들은 교회를 세우기 위해 각각 다른 역할을 맡고 있지만 모두 하나님의 일을 하고 있다. 바울과 아볼로는 모두 목적이 같다. 비유로 말하면, 그들은 밭에서 함께 일하는 자들로 하나님의 교회가 자라고 열매를 맺도록, 그리고 교회의 필요를 채우고 성도를 돌보기 위해 하나님의 부르심에 순종하고 있을 뿐이다.

하나님께서 맡기신 사역을 하기 위해서는 동역자들 간의 동지 의식이 기초가 되어야 한다.[4] 하나님 일에서의 동역은 수직적일 뿐만

---

[4] David W. Kuck, *Judgment and Community Conflict: Paul's Use of Apocalyptic Judgment Language in 1 Corinthians 3:5-4:5* (Leiden: Brill, 1991) 165.

아니라 수평적인 성격을 가진다.[5] 하나님과의 화해를 담고 있는 복음 메시지는 그리스도를 대신하여 사도들이 전해야 한다("그러므로 우리가 그리스도를 대신하여 사신이 되어 하나님이 우리를 통하여 너희를 권면하시는 것같이", 고후 5:20). 하나님께서는 사도 바울과 그의 동역자들을 통해서 고린도 교인들을 권면하신다. "우리" 즉 바울과 다른 사도들을 통해서 고린도 교인들은 하나님의 복음으로 권면을 받는다(고전 6:1).

바울 당시의 세계에서는 사도를 특정한 임무를 맡은 자로 이해했다. 사도는 자신을 보낸 사람을 대표하며 그의 권위를 가진 자로 이해되었다.[6] 자신을 보낸 사람의 권위를 가졌기 때문에 그 사역이 힘들고 어렵다고 할지라도 그는 존경받을 만한 자로서 사역을 감당하면서 살아 내야 했다. 사도를 보내신 분이 어떤 존재인지가, 사도의 삶에서 드러나기 때문이다.

"무명한 자 같으나 유명한 자요 죽은 자 같으나 보라 우리가 살아 있고 징계를 받는 자 같으나 죽임을 당하지 아니하고 근심하는 자 같으나 항상 기뻐하고 가난한 자 같으나 많은 사람을 부요하게 하고 아무것도 없는 자 같으나 모든 것을 가진 자로다"(고후 6:9-10). 무명한 자, 죽은 자, 징계를 받는 자, 근심하는 자, 가난한 자로 보이는

---

5 David E. Briones, "Fellow Workers with God and One Another," *CBQ* 81/2(2019): 280.
6 Harris, *The Second Epistle to the Corinthians*, 445–46.

상황에서도 사도는 자신을 부르신 이가 누구신지를 증명하는 자들이다. 바울은 "우리가 하나님과 함께 일하는 자"라고 선언한다(고후 6:1). "함께 일한다"(συνεργέω)는 말은 선교 사역에서 가장 가까운 파트너임을 드러내는 단어다.[7] 하나님의 일에 부르심을 받은 사람들은 하나님의 명령을 수행하고 하나님 나라 사역을 감당하기 위해 함께 수고하고 노력한다.

동역의 방법: 기도

바울은 동역에서 중요한 것이 기도라고 말한다. 그는 자신의 사역을 위해서 자주 기도를 요청한다. "끝으로 형제들아 너희는 우리를 위하여 기도하기를 주의 말씀이 너희 가운데서와 같이 퍼져 나가 영광스럽게 되고"(살후 3:1). 바울은 데살로니가 교인들에게 자신의 사도적인 사역을 도와 달라고 요청하는데, 특별히 복음의 말씀이 퍼져 나가도록 기도해 달라고 부탁한다.[8]

바울은 다음과 같이 기도를 요청하기도 한다. "또 나를 위하여 구할 것은 내게 말씀을 주사 나로 입을 열어 복음의 비밀을 담대히 알리게 하옵소서 할 것이니 이 일을 위하여 내가 쇠사슬에 매인 사신

---

7   Briones, "Fellow Workers with God and One Another," 280.
8   Schreiner, *Paul, Apostle of God's Glory in Christ*, 57.

이 된 것은 나로 이 일에 당연히 할 말을 담대히 하게 하려 하심이라"(엡 6:19-20). "기도를 계속하고 기도에 감사함으로 깨어 있으라 또한 우리를 위하여 기도하되 하나님이 전도할 문을 우리에게 열어 주사 그리스도의 비밀을 말하게 하시기를 구하라 내가 이 일 때문에 매임을 당하였노라 그리하면 내가 마땅히 할 말로써 이 비밀을 나타내리라"(골 4:2-4).

바울은 예수 그리스도를 위해 자기 생명까지 내놓고 헌신적으로 복음을 전하고 교회를 세웠다. 그런 그가 골로새 성도에게 기도를 부탁하는 것은 어색해 보일 수 있다. 바울이 성도들에게 기도를 요청한 이유는 그가 표적과 기사와 능력을 행하는 사도이지만 한편으로는 연약한 존재이기 때문이다(고후 12:7, 12).[9] 바울은 전도할 문을 열어 달라고 기도하고 있는데 이는 복음 사역을 위한 기회를 얻기 바란다는 뜻이다(행 14:27; 고전 16:9; 고후 2:12).[10] 교회는 사도 바울을 위해서 함께 기도하는 가운데 복음 사역에 동참하고 있다.

함께 치러야 할 영적 전쟁

바울은 에베소서에서 전신갑주를 설명하면서 이렇게 말한다. "평

---

9 길성남, 『골로새서·빌레몬서』, 312.
10 Ibid.

안의 복음이 준비한 것(ἑτοιμασία)으로 신을 신고…"(엡 6:15). 영적 전쟁을 잘하기 위해서는 적합한 신을 신어야 한다.[11] 신을 신지 않으면 매우 위험한 상황에 처할 수 있다. 전쟁 상황에서 신발이 벗겨진다면 적을 공격하기 위해 나아갈 수도 없고 적의 공격을 피해 달아날 수도 없다. 적당한 신발을 신지 않으면 걷는 것 자체가 힘들다. 오랜 행군은 감히 생각할 수도 없다. 바울은 "평화의 복음을 위한 준비"("평안의 복음이 준비한 것"[개역개정])로 신발을 신어야 한다고 말한다. 여기서 "준비"(ἑτοιμασία)는 경계 태세를 의미한다. 복음 선포를 위해서 대기하고 있는 자세이다. 교회는 언제나 영적 전투에 임하고 복음을 전할 수 있는 자세를 취하기 위해서 적절한 신발을 신어야 한다. 에베소서에서 말한 대로 영적인 전투는 교회가 함께 치러야 한다. 교회는 복음을 전하기 위해서 함께 준비하고, 함께 서 있어야 한다.

복음 전하는 사역에 교회가 함께해야 한다는 점은 빌립보서에서도 잘 드러난다. "너희가 첫날부터 이제까지 복음을 위한 일에 참여하고 있기 때문이라"(빌 1:5). 빌립보 교인들은 다른 사람들에게 물질을 나누어 주는 방식으로 복음 사역에 참여하고 있었다. "빌립보 사람들아 너희도 알거니와 복음의 시초에 내가 마게도냐를 떠날 때에

---

11 Schreiner, *Paul, Apostle of God's Glory in Christ*, 65.

주고받는 내 일에 참여한 교회가 너희 외에 아무도 없었느니라 데살로니가에 있을 때에도 너희가 한 번뿐 아니라 두 번이나 나의 쓸 것을 보내었도다 내가 선물을 구함이 아니요 오직 너희에게 유익하도록 풍성한 열매를 구함이라 내게는 모든 것이 있고 또 풍부한지라 에바브로디도 편에 너희가 준 것을 받으므로 내가 풍족하니…"(빌 4:15-18).

빌립보 교인들이 바울의 사역을 돕는 모습은 이 사역이 바울의 것만이 아니라는 점을 보여 준다.[12] 복음 전파를 위해 교회도 같은 책임을 나누어 지고 있음을 보여 준다.

더 생각해 볼 문제: 바울의 자비량 선교

교회가 복음 전하는 사도를 물질적으로 돕는 문제에 관해 좀 더 생각해 보자. 고린도후서를 보면, 바울의 경쟁자들은 고린도 교인들의 지원을 받았다(고후 11장). 그들은 바울이 교회의 지원을 받지 않았기 때문에 열등한 사도라고 주장했다.[13] 바울 당시에 '부유함'은 가치 있는 사람의 조건으로 여겨졌고 이 점은 오늘도 비슷하다.

부유함을 상징하는 도시인 고린도에서 가난함과 낮아짐은 수치

---

12 Ibid.
13 Garland, *2 Corinthians*, 544.

의 증거가 될 수 있었다. 바울은 자신의 가난을 자랑했지만, 그 때문에 사람들은 바울을 대단치 않은 사도로 여길 수 있었다. 바울의 가난은 바울의 적들에게 그를 비난하는 빌미를 제공했다. 바울은 대가를 받지 않고[값없이] 복음 전하는 것을 자신을 낮추는 방법으로 이해했다. 고린도 교인들은 자신을 낮추는 바울의 겸손이 왜 그들을 높이는 것인지 이해하지 못했다. "내가 너희를 높이려고 나를 낮추어 하나님의 복음을 값없이" 전하고 있다고 바울은 말한다(고후 11:7). 예수님께서도 우리를 부요하게 하시려고 가난하게 되셨다(고후 8:9). 복음은 자기를 높이는 일이 아니라 자기를 희생해서 다른 이들을 섬기고 높여 주는 일이다.[14]

바울은 자신이 사도로서 재정적인 도움을 받을 권리가 있다고 분명히 말한다(고전 9:4). 자신을 군인으로, 포도원에서 일하는 자로, 목자로 비유하며 그 일에 대한 사례를 받을 수 있다고 말한다(고전 9:7). 이 모든 문제에서 우선되는 것은 복음이다.

"우리가 너희에게 신령한 것을 뿌렸은즉 너희의 육적인 것을 거두기로 과하다 하겠느냐 다른 이들도 너희에게 이런 권리를 가졌거든 하물며 우리일까 보냐 그러나 우리가 이 권리를 쓰지 아니하고 범사에 참는 것

---

14 Ibid., 543-44.

은 그리스도의 복음에 아무 장애가 없게 하려 함이로다"(고전 9:11-12)

바울은 사역을 위해 성도들의 후원을 받을 권리가 있다고 분명히 밝힌다(9:4). 아내와 함께하며 후원을 받을 권리도 있다고 말한다(9:5). 그럼에도 바나바와 자신은 후원을 받지 않고 일한다고 말한다(9:6). 바울은 그런 권리가 있다는 점을 군대에서 쓰는 비용(ὀψώνιον)을 비유로 삼아 설명한다. 또한 포도원 일꾼은 포도원에서 나는 열매를 먹고 양 떼를 치는 목자들은 양의 젖을 먹는다. 바울 역시 교회의 후원을 받을 권리가 있다.

이어서 바울은 신명기 25:4을 인용한다. "곡식을 밟아 떠는 소에게 망을 씌우지 말라." 이 말씀을 인용함으로써 바울은 하나님이 일하는 사람들은 그에 합당한 대우를 받을 수 있게 하라고 명령하셨음을 다시 일깨운다. 신명기 24장과 25장에서 이 본문은 필요를 가진 자들에 대한 긍휼함을 버리지 말아야 한다는 문맥 가운데 위치하고 있다. 율법은 가난한 자들, 객이나 고아들의 존엄성과 복지를 지켜 주고, 가축까지 귀하게 여기도록 의도되어 있다.[15] 곡식을 밟아 떠는 소가 곡식을 먹을 수 있다면 하나님의 일을 감당하는 사람들이 마땅한 대가를 얻는 것은 당연하다.

---

15 Garland, *1 Corinthians*, 410.

이어서 바울은 다음과 같이 말한다. "다른 이들도 너희에게 이런 권리를 가졌거든 하물며 우리일까 보냐"(고전 9:12). 복음과 교회를 위해서 수고하는 바울은 교회 성도들의 재정적인 지원을 받을 권리가 있다. 그런데 바울은 자신이 이 권리를 사용하지 않는다고 말한다. 그가 실패한 사역자이거나 부족한 사도이기 때문에 그런 것이 아니다. 그는 그리스도의 복음을 위하기 때문이다. "그러나 우리가 이 권리를 쓰지 아니하고 범사에 참는 것은 그리스도의 복음에 아무 장애가 없게 하려 함이로다"(고전 9:12). 바울은 영적인 추수를 풍성히 거두기 위해서 자신이 받아야 할 지원을 받지 않겠다고 결심했다. 사도로서 바울이 가장 중요하게 여기는 원칙은 복음 전도가 방해받지 않는 것뿐이다.

한편 재정적으로 풍족하고 말씀 사역에 집중해야 할 때는 바울이 자비량 선교를 하지 않았다는 점도 눈여겨보아야 한다. 바울은 아굴라와 브리스길라와 함께 일을 하면서(천막 만들기) 선교 사역에 필요한 재정을 채웠다(행 18장). 그런데 데살로니가로 보냈던 디모데와 마게도니아로 보냈던 실라가 사역에 필요한 후원을 충분하게 받아 오자 바울은 생활비를 얻기 위해 일하는 대신에 전적으로 말씀 사역에 집중한다.

사역에 필요한 재정을 얻기 위해 일시적으로 자비량 사역을 해야 할 경우가 발생할 수 있다. 자비량 선교를 주장하는 많은 사람들이 바울의 예를 들고 있다. 그러나 바울이 지속적으로 자비량 사역을 한 것은 아니었다. 바울은 필요에 따라서 천막 만드는 일을 하기도 했지만 전적으로 말씀 사역에 집중할 수 있는 경우에는 말씀 사역만 감당했다. 결론적으로 재정적인 측면에서 자비량을 해야 하느냐를 따지기보다는 전적으로 말씀 사역에 집중할 수 있는 환경이냐 아니냐에 중점을 두고 생각해 보는 것이 좋을 듯하다.

"실라와 디모데가 마게도냐로부터 내려오매 바울이 하나님의 말씀에 붙잡혀 유대인들에게 예수는 그리스도라 밝히 증언하니"(행 18:5). 바울은 하나님의 말씀에 붙잡힌(συνείχετο) 사도였다. 자비량도 가능하고 후원을 받아서 재정 지원을 받으며 사역하는 것도 가능하다. 그러나 이 모든 경우에 우리 자신이 하나님의 말씀에 붙잡혀 있는지 확인해 보아야 한다.

적용

전반적으로 한국 사회에서는 기독교적인 가치보다는 유교 문화가 여전히 더 큰 영향을 미치고 있다. 유교 문화를 폄훼해서는 안 되겠지만, 유교적인 문화가 부정적인 영향을 미친 부분도 적지 않다. 조직에서 서열을 중요하게 여기는 문화도 이의 영향이 아닐까? 교회나 기독교 단체에서 '동역자'라는 말을 흔하게 사용하고 있지만, 바울이 의미하는 동역이 정말 교회 안에 있는지 의문이 들 때가 있다. 앞으로 이 동역자 개념을 제대로 실행하는 교회가 많이 생겨나기를 바란다. 한 명의 리더십이 군림하는 교회가 아니라 모든 성도가 함께 사역하는 아름다운 교회를 꿈꿔 본다.

주일에만 나와서 자리에 앉아 예배를 구경하는 곳이 교회가 아니다. 그렇다고 해서 모든 성도가 매일 교회에 나와서 예배를 드리거나 사역을 해야 한다는 말이 아니다. 그리스도의 몸인 우리는 함께 이루어져 가고 있고, 교회를 통해서 일하시는 하나님의 역사하심에 동참해야 한다. 전문적인 교역자들만 교회 일을 하는 것이 아니라 그리스도인이라면 모두 다 함께 하나님의 나라를 위해서 동참해야 한다. 함께 기도하고, 함께 땀 흘리고, 함께 복음을 전하고, 함께 교회를 이루어 가는 참된 의미의 동역이 일어나길 기대한다.

1. 바울의 동역자들은 어떤 방식으로 바울과 함께 사역했는가? 우리는 지시와 명령으로 일이 진행되는 구조 안에서 억지로 사역을 감당하고 있는가? 우리가 동역하는 이들은 누구인가? 내가 도와야 할 동역자는 누구인가?

2. 분열과 갈등이 일어났던 고린도 교회에서 바울은 자신도 다른 지도

자들과 함께 교회를 세우고 있다고 말하면서 성도들에게 분열해서는 안 된다고 말한다. 우리는 다른 사역자들과 함께 교회를 세우고 있는가? 아니면 경쟁하고 갈등하고 있는가? 이 경쟁의식과 갈등을 해결하기 위해서 해야 할 일은 무엇인가?

3. 교회가 사역자와 동역한다는 것은 무슨 의미인가? 우리는 어떻게 한 교회로서 사역에 동참할 수 있을까?

4. 자비량은 사역을 하기 위한 한 가지 방식이 될 수 있다. 그러나 바울이 재정적으로 충분히 후원받는 상황에서는 어떻게 사역을 했는지 생각해 보자. 혹시 재정적으로 힘들다면 어떤 방식으로 사역을 해야 할까? 경제석인 문제로 고민하지 않고 사역할 수 있는 구조를 만드는 일은 왜 중요할까? 혹시 우리가 너무 재정적인 측면만 고려하면서 사역하는 것은 아닌가?

10. 사역의 방향

"코이노니아", 연보

♦♦♦

교회에서 헌금은 매우 미묘한 문제이다. 헌금은 하나님께 드리는 것인데도 그 문제로 많은 교회들이 몸살을 앓는다. 바울이 말하는 연보를 이해하고 나면, 우리가 헌금을 어떻게 사용해야 할지 배울 수 있다. 그러면 성도들이 갈등하게 만드는 헌금이 아니라 성도들을 하나 되게 하는 연보가 될 수 있을 것이다. 우리에게 주어진 물질을 사용할 때는 하나 됨의 원칙, 그리고 소외된 자들을 돌아보는 균등케 함의 원칙을 고려해야 한다. 바울이 말하는 연보를 살펴보자.

새 언약의 한 백성을 위하는 연보

바울은 연보를 하나님의 백성, 성도를 위하는 것이라고 표현한다 (고전 16:1). "성도를 위하는 연보에 관하여는 내가 갈라디아 교회들에게 명한 것같이 너희도 그렇게 하라"(고전 16:1). 바울이 갈라디아 교회에 가르친 것은 연보는 성도를 위해서 사용해야 한다는 점이다.

연보는 예루살렘 성도들을 위한 은혜의 선물이며(χάρις, 16:3) 성도를 섬기는 일이다(διακονία, 고후 8:4; 9:1, 12, 13; 롬 15:25, 31). 이는 예수 그리스도의 은혜를 기초로 한다. 바울은 또한 다음과 같이 말한다. "우리 주 예수 그리스도의 은혜를 너희가 알거니와 부요하신 이로서 너희를 위하여 가난하게 되심은 그의 가난함으로 말미암아 너희를 부요하게 하려 하심이라"(고후 8:9). 예수님 그분 자신은 부요하신 분이지만, 자신의 백성을 위해서 가난하게 되셨다. 그 가난함이 우리를 부요하게 했다. 가난한 교회는 연보를 통해서 그리스도의 부요함을 누릴 수 있었다. 그리고 고난과 핍박 가운데에서도 유지될 수 있었다. 연보는 서로 섬김(διακονία)과 서로 돌봄을 드러낸다. 예수님은 자신의 부요함을 성도를 섬기기 위해서 내놓으시며 그들을 섬겼고 우리는 그 본을 따라간다.

연보는 또한 "은혜"로 표현된다. "내가 이를 때에 너희가 인정한 사람에게 편지를 주어 너희의 은혜를 예루살렘으로 가지고 가게 하리니"(고전 16:3). 바울은 연보가 예루살렘에 있는 하나님의 백성을 위한 은혜라고 말한다. 연보는 "교제"(κοινωνία, 롬 15:26)이며, 복

(εὐλογία, 고후 9:5)이며, 하나님께 드리는 감사이다(λειτουργία, 고후 9:12).[1] 복(εὐλογία)은 누군가는 주고 누군가는 받는 것이다. 풍성함을 나누는 것이다. 바울은 복을 '주는 것'으로 보았다.[2] 바울이 언급한 복의 특징은 '복이 복을 열매로 맺는다'는 것이다.

"이것이 곧 적게 심는 자는 적게 거두고 많이 심는 자는 많이 거둔다 하는 말이로다 각각 그 마음에 정한 대로 할 것이요 인색함으로나 억지로 하지 말지니 하나님은 즐겨 내는 자를 사랑하시느니라"(고후 9:6-7)

연보는 억지로 해서는 안 되는 것이고, 오히려 은혜를 베풀 때의 "넘치는 기쁨"을 수반한다. "환난의 많은 시련 가운데서 그들의 넘치는 기쁨과 극심한 가난이 그들의 풍성한 연보를 넘치도록 하게 하였느니라"(고후 8:2). 바울은 베푸는 것을 자주 은혜로 묘사한다 (χάρις, 고전 16:3; 고후 8:1, 4, 6, 7, 19; 9:8, 14).[3] 바울은 연보를 억지로 내지 말고 즐겁게 내기를 성도들에게 권면한다.

"하나님이 능히 모든 은혜를 너희에게 넘치게 하시나니 이는 너희로 모

---

1 Thiselton, *The First Epistle to the Corinthians*, 1318.
2 Schreiner, *Paul, Apostle of God's Glory in Christ*, 496.
3 Ibid.

든 일에 항상 모든 것이 넉넉하여 모든 착한 일을 넘치게 하게 하려 하심이라 기록된 바 그가 흩어 가난한 자들에게 주었으니 그의 의가 영원토록 있느니라 함과 같으니라"(고후 9:8-9)

이 은혜의 실체는 예수 그리스도시다.[4] 예수님의 풍성함이 연보를 통해서 모든 교회를 위한 나눔(κοινωνία)이 된다. 예루살렘으로 보내는 연보는 교회 성도들이 자신의 부를 다른 교회 가난한 성도에게 나누어 준다는 의미를 가진다. 이는 거시적으로 모든 성도를 균등하게 하고자 하는 원리를 보여 준다. 바울은 "다만 우리에게 가난한 자들을 기억하도록 부탁하였으니 이것은 나도 본래부터 힘써 행하여 왔노라"(갈 2:10)라고 말한다. 이 구절은 베드로, 야고보, 요한이 바울을 사도로서 인정하고 친교의 악수를 하면서 바울에게 가난한 자들을 기억하라고 부탁했다는 내용이다. 그리스도인에게는 사회적으로, 경제적으로 어려운 상황에 있는 사람들을 돌보아야 할 책무가 있다. 하나님께서는 그리스도 안에서 모든 풍성함을 자신의 백성에게 주셨기 때문이다.

---

[4] Thiselton, *The First Epistle to the Corinthians*, 1319.

균등하게 하려 함이라

연보는 균등하게 한다는 원칙을 따른다(고후 8:13-14). 균등하게 함(ἰσότης)은 정의와 공정함의 의미를 가진다. 하나님의 정의는 균등하게 함을 요구하고, 바울은 이 하나님의 뜻을 이루기 위해 연보라는 방법을 제안한다(참조. 골 4:1). 하나님께서는 이스라엘 백성이 광야 생활을 할 때도 모두 균등한 생활을 할 수 있도록 배려하셨다. 마찬가지로 새 언약을 받은 이스라엘에서도 모든 사람이 균등해야 한다. 새 언약(고후 3:2-6) 아래 있는 교회는 하나님의 이스라엘(갈 6:16)이며 "균등함의 원칙"이 교회를 지배한다.[5] 균등함은 하나님께서 종말론적으로 이루시는 일이기도 하다(고후 8:14). 이 일은 자발적으로(8:3, 8-9), 기뻐하며 풍성하게 행해야 한다(8:2). 초자연적으로 광야에서 이스라엘 백성을 먹이신 하나님이 이제 그리스도를 통해서 보이신 풍성한 베풂을 고린도 교인들도 본받아야 한다.

"이제 너희의 넉넉한 것으로 그들의 부족한 것을 보충함은 후에 그들의 넉넉한 것으로 너희의 부족한 것을 보충하여 균등(ἰσότης)하게 하려 함이라"(고후 8:14). "넉넉한 것"은 예루살렘 교회의 "가난한 자들"에 비해 고린도 교인들이 상대적으로 많이 가지고 있는 것을

---

5 Garland, *2 Corinthians*, 434.

말한다. 그들의 "넉넉함"으로 예루살렘 교인들의 부족함을 채워 서로 균등하게 하는 것이 바울의 뜻이다.

연보는 예루살렘을 섬기기 위한 일이다(롬 15:25). 이방인 그리스도인들은 예루살렘을 섬김으로써 복음 안에서 유대인들과 하나 되었음을 보여 준다. 유대인과 이방인은 이제 하나님의 한 백성이다. 구약에서 많은 선지자들은 이방인들이 부와 물질을 예루살렘으로 가져올 것이라고 예언했다(사 2:2, 3; 비교. 미 4:1-2; 사 45:14; 60:5, 17; 61:6; 미 4:13).[6] 이 본문들은 이방인들이 하나님의 백성 되었음을 보여 준다. 이 연보는 성도의 의무이면서도 기쁨이다(롬 15:26).[7] 유대인으로부터 복음이 나왔고 그들의 영적인 복을 나누어 가진 이방인들은 유대인들에게 빚을 진 셈이고, 이로 인해 이방인들은 기쁨으로 유대인들을 연보로 섬긴다(롬 15:27).

성도들을 위한 연보를 전달하는 일은 바울의 3차 전도 여행의 중요한 목적 중 하나이다(고전 16:1-2; 고후 8-9). 바울은 이방인 그리스도인들이 드린 연보를 중요하게 언급함으로써, 그들의 예루살렘 형제자매들에 대한 사랑과 관심을 매우 실제적으로 표현하고 있다.[8]

이방인들은 예루살렘 교회에 진 영적인 빚을 연보로 갚고 있다.

---

[6] Schreiner, *Paul, Apostle of God's Glory in Christ*, 497.
[7] "이는 마게도냐와 아가야 사람들이 예루살렘 성도 중 가난한 자들을 위하여 기쁘게 얼마를 연보하였음이라"(롬 15:26).
[8] Moo, *The Epistles to the Romans*, 902.

예루살렘 교회의 그리스도인들은 이방인들과 영적인 것을 나누었고 이제 이방인 그리스도인들은 고난당하고 궁핍에 처한 예루살렘 교회에 물질적인 것을 나누고 있다. 이는 단순히 이 둘만의 관계가 아니다. 하나님께서 이 관계성에 개입하신다.[9] 하나님께서 다른 이들을 섬길 수 있는 물질을 주셨고 그것으로 다른 이들을 섬긴다. 베풂은 보상을 받기 위한 것이 아니다. 하나님께서 주신 선물에 대한 감사의 표현이다.

균등하게 함은 특별히 이방인 그리스도인들과 유대인 그리스도인들의 관계에 필요한 하나님 백성의 특징이다. 연보는 그리스도인의 하나 됨을 표현한다.[10] 이방인들이 연보를 통해 예루살렘 교회에 은혜를 나타내며 하나의 교회를 이루는 것을 보여 준다.[11] 이방인들이 예루살렘을 위해 연보를 하는 것은 그들이 같은 믿음을 가지고 새로운 언약을 구성하는 한 백성이 되었음을 의미한다.[12] 바울은 예루살렘 성도가 이방인 그리스도인을 받아들인 일의 성격이 무엇인지를 보여 준다. 즉, 연보는 예배와 환대의 성격이 있다.

바울은 에베소 교회 장로들에게 말한다. "범사에 여러분에게 모

---

9 Garland, *2 Corinthians*, 434–35.
10 Thiselton, *The First Epistle to the Corinthians*, 1320.
11 "너희의 은혜를 예루살렘으로 가지고 가게 하리니"(고전 16:3). Garland, *1 Corinthians*, 756.
12 Bengt Holmberg, *Paul and Power: The Structure of Authority in the Primitive Church as Reflected in the Pauline Epistles* (Philadelphia: Fortress, 1980), 38, 40.

본을 보여 준 바와 같이 수고하여 약한 사람들을 돕고 또 주 예수께서 친히 말씀하신바 주는 것이 받는 것보다 복이 있다 하심을 기억하여야 할지니라"(행 20:35). 혹시 목회자들이 받는 것에만 익숙해서, 다른 이에게 주는 것에는 서툴지 않은지 생각해 보아야 한다. 영적인 것을 은혜로 받은 이방인 지역의 그리스도인들은 예루살렘에 연보를 보내어 극심한 어려움 가운데에 있는 성도, 곧 그들의 한 몸 된 그리스도인들을 돕고 있다. 성도 개인과 자기 교회 중심적으로 물질을 사용하는 것이 아니라 그 물질은 하나님께서 은혜로 주신 것임을 알고 이를 기쁨으로 다른 교회와 성도에게 나누어 주고 있다. 우리 교회 사역도 균등하게 함의 원리에 따르고 있는지를 주의해 봐야 한다.

적용

범사에 우리가 수고하는 한 가지 이유는 약한 자를 돕기 위함이다. 예수님은 주는 것이 받는 것보다 복되다고 하셨다. 우리의 사역이 주는 것 없이 받는 것만으로 이루어진다면 그곳에 복음이 성취되겠는가? 오늘날 한국 교회는 너무 '내 교회, 내 교회'만을 말하는 경우가 있다. 하나의 교회 곧 공교회를 고백하는 것과 성도의 교제는 말로만 이루어져서는 안 된다.

　필자가 대학에 다닐 때, 재정적으로 힘들어서 등록금을 내지 못하고 있었던 적이 있다. 그런데 캠퍼스 담당 간사님께서 그 학기 등록금을 내주셨다. 캠퍼스 선교 단체 간사들이 받는 사례는 뻔하다. 그 당시는 더욱 힘들었다. 그런데도 그 간사님은 자신의 몇 달치 사례비나 되는 돈을 내게 그저 주셨다. 그때 진정한 사역이 무엇인지 배웠다. 우리는 '주는' 사람들이다. 받기에만 익숙해서는 안 된다. 균등하게 함의 원리가 연보를 모으는 목적이고 하나님 나라의 일을 하는 우리에게 꼭 필요한 원리이다. 어려운 형편에 있는 동역자가 있는가? 당신의 지갑을 열어야 한다.

　아내에게 사랑한다는 말을 자주 하는 남편이 있다. 그런데 시간이 지날수록 아내는 남편의 그 말을 믿지 않는 눈치다. 왜 그럴까? 남편이 집안일을 전혀 도와주지 않기 때문이다. 사랑은 말로만 하는 것이 아니다. 존 웨슬리(John Wesley)는 "당신의 지갑이 회개하기 전까지 당신은 진정으로 회개한 것이 아닙니다."라고 말했다. 우리는 이 말을 귀담아 들어야 한다. 우리가 하는 말이 우리를 정의하는 것이 아니라 우리의 지갑이 열리는 곳이 우리를 정의한다. 사람들에게 끊임없이 사랑을 주려고 노력하는 것, 가난하고 어려운 형편에 처한 성도들에게 부요하신 예수 그리스도의 섬김을 실천하는 것이 하나님의 부르심을 따르는 길이다.

조슈아 지프의 『환대와 구원』, 채영삼의 『코이노니아와 코스모스』를 추천한다. 그리고 장 지글러의 『왜 세계의 절반은 굶주리는가?』도 읽어 보기 바란다. 우리의 나눔이 어디까지 뻗어 가야 하는지 생각해 보자.

1. 연보의 기능은 무엇인가? 바울은 연보를 통해서 어려운 교회를 도우려고 한다. 우리가 사용하는 헌금은 주로 누구를 위해서 사용되는가?

2. 연보는 은혜와 복이라는 단어로 표현되기도 한다. 이는 예수 그리스도의 은혜와 어떻게 연결되는가? 연보를 통해서 예수 그리스도의 풍성함이 흘러가야 하는데, 혹시 우리 사역과 교회는 부익부 빈익빈의 모습을 보이고 있는가?

3. 바울은 연보를 균등함의 원칙으로 설명한다. 예루살렘에 영적으로 빚진 유럽 교회들이 힘들고 어려운 예루살렘 교회를 물질로 섬기고 있다. 교회가 하나 되기 위해서는 행동과 수고가 뒤따라야 한다. 우리는 혹시 하나 됨을 구호로만 외치지 않는가? 우리가 도와야 할 지역사회, 도와야 할 교회는 어디인가?

결론

바울의 부르심이 향하는 궁극적인 목적: 하나님의 영광

그리스도는 하나님의 구속 약속을 성취하셨다. 하나님의 구원은 유대인뿐만 아니라 이방인에게도 긍휼로 주어져 그들 모두가 믿음의 순종에 이르게 되었다. 바울은 복음과 예수 그리스도를 전파하면서 하나님의 주권을 강조한다. "영원하신 하나님"(롬 16:26)은 자기 뜻대로 역사를 이끌어 가신다. 이는 복음을 유대인에게, 그리고 이방인에게 드러내시는 하나님의 주권적인 결정을 보여 준다. 이것을 바울은 하나님의 뜻(ἐπιταγή)으로 표현한다. 하나님의 뜻은 모든 민족이 믿어 순종하는 것이다(롬 16:26). 이 일은 복음이 선포되는 곳에서 일어나며 복음이 선포되는 목적이다(εἰς ὑπακοὴν πίστεως εἰς πάντα τὰ ἔθνη γνωρισθέντος, 롬 16:26.). 바울이 이방인의 사도가 되어 복음을 선포한 것은 모든 나라들이 그리스도를 믿고 순종하게 하기 위해서이다.

그러나 바울의 부르심의 목적은 이방인들이 구원받는 것에서 끝나지 않는다. 그 궁극적인 목적은 하나님의 영광이다. 즉, 모든 사람이 예수 그리스도를 주로 시인하고 그분에게 무릎을 꿇고 하나님께 영광을 돌리는 것이다. 믿음의 순종은 하나님께 드리는 영광으로 향한다(롬 16:26, 27).

"하나님께서는 내가 전하는 복음 곧 예수 그리스도에 관한 선포로 여러분을 능히 튼튼히 세워 주십니다. 그는 오랜 세월 동안 감추어 두셨던 비밀을 계시해 주셨습니다. 그 비밀이 지금은 예언자들의 글로 환히 공개되고, 영원하신 하나님의 명을 따라 모든 이방 사람들에게 알려져서, 그들이 믿고 순종하게 되었습니다. 오직 한 분이신 지혜로우신 하나님께, 예수 그리스도로 말미암아 영광이 영원무궁하도록 있기를 빕니다. 아멘."(새번역, 롬 16:25-27)

바울은 하나님께 영광을 돌리며 로마서를 마친다. 바울이 이렇게 하나님께 영광을 돌리는 까닭은 복음의 비밀이 이제 드러났기 때문이다. 하나님의 뜻(ἐπιταγή)이 예수 그리스도를 통해서 나타났고 알려졌다(16:26). 이는 하나님의 구속 역사에서 매우 중요한 핵심이다. 이방인들은 예수 그리스도를 믿음으로 구원받는다. 이 복음의 선포는 임의로 된 것이 아니라 하나님의 지혜 안에서 일어난 일이며 바울은 이 하나님의 지혜를 찬양한다. 하나님의 지혜와 영광(롬 11:33-

36)은 예수 그리스도를 통해서 절정에 이른다.[1]

모든 민족을 믿음의 순종에 이르게 하고 그 결과 영광을 받으시려는 하나님의 뜻(ἐπιταγή)은 바울이 사도로서 하나님의 부르심을 받은 일이 어떤 의미인가를 보여 준다(딤전 1:1; 딛 1:3). '하나님의 뜻'이란 복음의 선포를 통해서 하나님께서 하실 일을 미리 정하신 것을 말한다. 이 개념은 로마서 8:30의 하나님의 작정과 연결된다. "또 미리 정하신(προώρισεν) 그들을 또한 부르시고 부르신 그들을 또한 의롭다 하시고 의롭다 하신 그들을 또한 영화롭게 하셨느니라"(롬 8:30).

이방인들은 하나님의 영광과는 아무런 관련이 없던 자들이다. 그들은 하나님을 영화롭게 하지 않았으며(롬 1:21) 하나님의 영광을 우상으로 바꾸어 버렸다(1:24). 그들은 모두 죄인으로 하나님의 영광에 다가갈 수 없던 자들이었다(3:23). 그러나 하나님께서는 자신의 주권적인 영광을 드러내시며 자신의 백성도 그 영광에 이르시기를 바라셨다. 그 뜻을 예수 그리스도를 통해서 성취하셨으며 사도 바울을 부르셔서 그 복음을 선포하게 하셨다. 하나님이 영광을 받으시고 모든 이방인이 하나님의 영광에 이르는 것, 바로 이것이 바울 사역의 궁극적인 목적이다.

---

1 Schreiner, *Romans*, 788.

참고 문헌

Arndt, William, Frederick W. Danker, Walter Bauer, and F. Wilbur Gingrich. *A Greek-English Lexicon of the New Testament and Other Early Christian Literature*. Chicago: University of Chicago Press, 2000.

Barrett, C. K. *A Critical and Exegetical Commentary on the Acts of the Apostles*. International Critical Commentary. Edinburgh: T&T Clark, 2004.

Betz, Hans Dieter. *Galatians*. Hermeneia. Minneapolis: Fortress Press, 1979.

Bird, Micahel. *An Anomalous Jew: Paul among Jews, Greeks, and Romans*. Grand Rapids: Eerdmans, 2016.

Briones, David E. "Fellow Workers with God and One Another: Toward a Pauline Theology of Mission." *The Catholic Biblical Quarterly* 81/2 (2019): 277-301.

deSilva, David E. *The Letter to the Galatians*. The New International Commentary on the New Testament. Grand Rapids: Eerdmans, 1996.

Dunn, James D. G. *Romans 9-16*. Word Biblical Commentary 38B. Dallas: Word Books, 1988.

──────. *The Epistles to the Colossians and to Philemon: A Commentary on the Greek Text*. New International Greek Testament Commentary. Grand Rapids: Eerdmans, 1996.

Ellis, E. E. "Coworkers, Paul and His." In *Dictionary of Paul and His Letters: A Compendium of Contemporary Biblical Scholarship*. Edited by Gerald F. Hawthorne, Ralph P. Martin, and Daniel G. Reid. Downers Grove, IL: InterVarsity Press, 1993: 183-89.

Garland, David E. *1 Corinthians*. Baker Exegetical Commentary on the New Testament. Grand Rapids: Baker Academic, 2003.

―――. *2 Corinthians*. Christian Standard Commentary. Nashville: Holman Reference, 2021.

Harris, Murray J. *The Second Epistle to the Corinthians: A Commentary on the Greek Text*. New International Greek Testament Commentary. Grand Rapids: Eerdmans, 2005.

Holmberg, Bengt. *Paul and Power: The Structure of Authority in the Primitive Church as Reflected in the Pauline Epistles*. Philadelphia: Fortress.

Jewett, Robert. *Romans*. Hermeneia. Minneapolis: Fortress Press, 2007.

Kim, Myongil. *God's Judgment through the Davidic Messiah: The Role of the Davidic Messiah in Romans 1:18-4:25*. Eugene, OR: Wipf & Stock, 2020.

Kittel, Gerhard, Geoffrey W. Bromiley, and Gerhard Friedrich, eds. *Theological Dictionary of the New Testament*. Grand Rapids: Eerdmans, 1964-1976.

Kuck, David W. *Judgment and Community Conflict: Paul's Use of Apocalyptic Judgment Language in 1 Corinthians 3:5-4:5*. Supplements to Novum Testamentum 66. Leiden: Brill, 1991.

Lincoln, Andrew T. *Ephesians*. Word Biblical Commentary 42. Dallas: Word, 1990.

Longenecker, Richard N. *Galatians*. Word Biblical Commentary 41. Dallas: Word, 1990.

―――. *The Epistle to the Romans: A Commentary on the Greek Text*. New International Greek Testament Commentary. Grand Rapids: Eerdmans, 2016.

Martyn, J. Louis. *Galatians*. New Haven: Yale University Press, 2008.

Marshall, I. Howard., and Philip H. Towner. *A Critical and Exegetical*

Commentary on the Pastoral Epistles. International Critical Commentary. London; New York: T&T Clark International, 2004.

Matera, Frank J. *God's Saving Grace: A Pauline Theology*. Grand Rapids: Eerdmans, 2012.

Moo, Douglas J. *The Epistle to the Romans*. New International Commentary on the New Testament. Grand Rapids: Eerdmans, 1996.

──. *Galatians*. Baker Exegetical Commentary on the New Testament. Grand Rapids: Baker Academic, 2003.

Ott, Craig. "Missions and Money: Revisiting Pauline Practice and Principles." *Evangelical Review of Theology* 42/1 (2018): 4-20.

Pahl, Michael W. "The 'Gospel' and the 'Word': Exploring Some Early Christian Patterns." *Journal for the Study of the New Testament* 29/2 (2006): 211-227.

Pao, David W. *Colossians and Philemon*. Zondervan Exegetical Commentary on the New Testament. Grand Rapids: Zondervan, 2012.

Peterson, David G. *The Acts of Apostles*. The Pillar New Testament Commentary. Grand Rapids: Eerdmans, 2009.

Polhill, John B. *Acts*. The New American Commentary 26. Nashville: Broadman & Holman, 1992.

Porter, Stanley E. *The Letter to the Romans: A Linguistic and Literary Commentary*. Sheffield: Sheffield, 2015.

Schreiner, Thomas R. *Galatians*. Zondervan Exegetical Commentary on the New Testament. Grand Rapids: Zondervan, 2010.

──. *1 Corinthians: An Introduction and Commentary*. Tyndale New Testament Commentaries 7 (Downers Grove, IL: InterVarsity Press, 2018), 286.

──. *Romans*. 2nd ed. Baker Evangelical Commentary on the New Testament. Grand Rapids: Baker Academic, 2018.

──. *Paul, Apostle of God's Glory in Christ: A Pauline Theology*. 2nd ed. Downers Grove, IL: InterVarsity Press, 2020.

Seifrid, Mark A. "Romans." In *Commentary on the New Testament Use of the Old Testament*. edited by G. K. Beale and D. A. Carson, 607-94. Grand Rapids: Baker, 2007.

Stuhlmacher, Peter. *Paul's Letter to the Romans: A Commentary*. Translated by Scott J. Hafemann. Louisville: Westminster John Knox Press, 1994.

Thielman, Frank S. *Romans*. Zondervan Exegetical Commentary on the New Testament. Grand Rapids: Zondervan, 2018.

Thiselton, Anthony C. *The First Epistle to the Corinthians: A Commentary on the Greek Text*. New International Greek Testament Commentary. Grand Rapids: Eerdmans, 2000.

van Aarde, Timothy A. "The Use of οἰκονομία for Missions in Ephesians." *Verbum et Ecclesia* 37/1 (2016): 1-10.

Wright, N. T. *Paul: A Biography*. HarperOne: New York, Edinburgh: T&T Clark, 2018.

길성남. 『골로새서·빌레몬서』. 서울: 이레서원, 2019.

길성남. 『에베소서 어떻게 읽을 것인가』. 서울: 성서유니온선교회, 2016.

이레서원 출간 도서

■ 성경 연구
1. 『중동의 눈으로 본 예수님의 비유』 케네스 E. 베일리(오광만 역), 152×225, 400쪽
2. 『하나님 중심의 성경 해석학』 번 S. 포이트레스(최승락 역), 152×225, 352쪽
3. 『히브리서 산책: 성취와 기다림』 최승락, 140×200, 224쪽
4. 『성경 역사, 지리학, 고고학 아틀라스』 앤손 F. 레이니 외(강성열 역), 240×320, 562쪽
5. 『예수님의 비유』 최갑종, 152×223, 470쪽
6. 『갈라디아서』 최갑종, 152×225, 696쪽
7. 『(이해와 설교를 위한) 고린도후서 주석』 조석민, 152×225, 296쪽
8. 『로마서: 이방인의 사도가 전한 복음』 최종상, 152×223, 496쪽
9. 『어떻게 천천히 읽을 것인가』 제임스 사이어(이나경 역), 139×216, 264쪽
10. 『(이해와 설교를 위한) 요한복음』 조석민, 152×225, 520쪽
11. 『다시 읽는 창세기』 민경구, 152×223, 312쪽
12. 『예수님의 비유 해석 입문: 배경, 해석사, 해석 원리와 실제』 로버트 스타인(오광만 역), 150×220, 280쪽
13. 『골로새서·빌레몬서』(한국성경주석 12) 길성남, 152×225, 464쪽
14. 『고린도에서 보낸 일주일: 바울 사역의 사회적, 문화적 정황 이야기』 벤 위더링턴 3세(오현미 역), 140×200, 232쪽
15. 『에베소에서 보낸 일주일: 1세기 그리스도인은 요한계시록을 어떤 의미로 읽었을까?』 데이비드 드실바(이여진 역), 140×200, 264쪽
16. 『고대 문학의 렌즈로 보는 성경』 마셜 존슨(차준희 역), 140×210, 272쪽

■ 신학
1. 『마크 존스의 선행과 상급』 마크 존스(오현미 역), 130×200, 248쪽
2. 『마크 존스의 예수 그리스도』 마크 존스(오현미 역), 130×200, 120쪽
3. 『조지 래드의 종말론 강의』 조지 래드(이승구 역), 148×210, 232쪽
4. 『칭의의 여러 얼굴』 제임스 패커 외(김형원 역), 140×200, 304쪽
5. 『선지자적 반시대성』 오스 기니스(김형원 역), 124×182, 192쪽
6. 『예수님과 안식일 그리고 주일』 양용의, 152×223, 456쪽

7. 『삼위일체: 신약신학·실천신학적 연구』 리처드 보컴 외(신호섭 역), 152×225, 400쪽
8. 『구약의 그리스도, 어떻게 설교할 것인가』 시드니 그레이다누스(김진섭, 류호영, 류호준 역), 152×223, 536쪽
9. 『아들을 경배함: 초창기 기독교 예배 의식 속의 예수』 래리 허타도(송동민 역), 140×200, 168쪽
10. 『바울 복음의 심장: 개인, 교회, 창조세계를 변화시키는 복음』 데이비드 드실바(오광만 역), 140×200, 224쪽
11. 『(소요리문답과 함께하는) 365 교리 묵상』 임경근, 152×225, 392쪽
12. 『예배학 지도 그리기: 목회자와 예배 사역자를 위한 예배 기획 지침서』 문화랑, 150×220, 248쪽
13. 『영적 전쟁: 바울 서신으로 본 사탄과 악한 영들』 클린턴 E. 아놀드(길성남 역), 152×225, 320쪽
14. 『바울에 관한 새로운 탐구』 티모 라토(김명일 역), 124×182, 120쪽
15. 『기독교 교파 한눈에 보기』 전희준, 140×200, 144쪽
16. 『칼뱅, 참여, 그리고 선물』 토드 빌링스(송용원 역), 140×210, 328쪽
17. 『바울과 믿음 언어』 니제이 굽타(송동민 역), 147×220, 384쪽

■ 채영삼 교수 저서
1. 『긍휼의 목자 예수: 마태복음의 이해』 152×223, 488쪽
2. 『지붕 없는 교회: 야고보서의 이해』 152×223, 398쪽
3. 『십자가와 선한 양심: 베드로전서의 이해』 152×223, 476쪽
4. 『신적 성품과 거짓 가르침: 베드로후서의 이해』 152×223, 544쪽
5. 『삶으로 드리는 주기도문』 124×182, 208쪽
6. 『삶으로 내리는 뿌리』 140×200, 304쪽
7. 『공동서신의 신학: '세상 속의 교회', 그 위기와 해법』 152×223, 800쪽
8. 『코이노니아 성경 해석 가이드북』 148×210, 88쪽
9. 『코이노니아와 코스모스: 요한일서의 이해』 152×223, 576쪽